U0689885

本书出版得到文化名家暨"四个一批"人才项目、浙江省"万人计划"人文社科领军人才项目、浙江大学一流骨干基础学科建设计划、杭州市上城区政府的资助

中国城市街道与居民委员会

档案史料选编

（第八册）

1981—1987

毛　丹◎主编

陈　军　任　强　哈　雪◎副主编

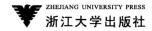

ZHEJIANG UNIVERSITY PRESS
浙江大学出版社

主编单位

中国社区建设展示中心

中国社区建设展示中心是民政部批准建立，集史料陈列、文物展示、理论研究、文献收藏、社区实务于一体的社区建设专题类展览馆。建成于2009年12月21日，经过10年发展，中国社区建设展示中心已发展成为中国社区建设的历史课堂、研究基地、实践样板和对外窗口。中国社区建设展示中心由基层组织历史厅、社区建设发展厅、社区治理成果厅、"左邻右舍"社区治理创新园等展馆组成，全方位展示了我国社区建设的历史演进、发展现状和地方经验。

民政部—浙江大学全国民政政策理论研究基地

民政部—浙江大学全国民政政策理论研究基地以浙江大学城乡社区研究团队为基础，在民政部政策研究中心、基层政权与社区建设司以及浙江省民政厅的指导帮助下，致力于农村社区建设与乡村振兴研究、城市社区建设与城市社会治理体系研究、地名文化研究。基地秉承"服务浙江、辐射全国"的发展理念，关注浙江及全国其他地方的城乡社区、社会治理重大理论与实践问题，形成了一批立足于实践发展的民政政策与理论成果。

丛书说明

20 世纪 50 年代初以来,我国的街道和居民委员会(以下简称居委会)长期承担基层管理和组织城市基层社会的功能,形成了我国独特的城市社会样态。居委会与基层社会是理解中国社会不可或缺的视窗。改革开放后,社区建设与基层社会治理的重要性日渐突出,居委会、社区、基层社会的性质与功能、理论与实践都经历了更为复杂的变迁。系统整理、研究居委会与城市基层社会的历史档案资料,对于理解我国基层社会的变迁,研究其发展方向,提升社区治理现代化水平,当有独特的价值。

民政部—浙江大学全国民政政策理论研究基地与中国社区建设展示中心自 2010 年开始酝酿本丛书。近十年来,在民政部支持下,我们以 1949 年至 2000 年为时限,征集、收集了有关街道和居委会工作的档案资料,包括中央和地方的重要政策文件、工作报告、工作记录以及一部分重要的报刊资料等 1000 多种。现在,我们从中选择部分档案资料汇编成第一辑共 10 册。这里对收录的内容作几点说明:

1.《中国城市街道与居民委员会档案史料选编》系自中华人民共和国成立以来首次对全国范围内城市街道与居委会档案史料进行整理和编选,由民政部—浙江大学全国民政政策理论研究基地和中国社区建设展示中心合作完成。

2. 主要依据文献的学术研究价值和实践意义进行筛选,收录发布时间最早及内容最完善的资料,文献内容包括但不限于城市和街道居委会的设立过程、制度建设、组织完善及各项具体工作的计划和成果报告,以及相关报道和研究。

3. 编印按照原件发表时间排序,时限为 1949 年至 2000 年,1949 年前的相关资料收录于附录中。个别年份(1967 年至 1970 年,1974 年)因档案未解密或搜集到的资料质量不佳等原因未予收录。

4. 早期城市街道和居民委员会工作人员提交的部分报告和工作记录中存在较多明显的别字和语病,为方便读者阅读,编者在不改变原义的前提下进行了校订,文中不再一一指出。对文中出现的方言、惯用语和生僻词等,则以脚注形式进行说明。

5. 由于档案文献有政策文件、工作报告、新闻报道、期刊论文等多种形式，标题格式不一，为便于读者检索，编者重拟了部分档案文献的标题，并将原标题列于脚注中。丛书按通行的书籍格式横版排编，资料来源加"【】"标注；无法辨析的文字，用"□"标注。

6. 档案原件主要来源于中央及各地方的档案馆、各地民政相关部门，少量来自政府工作网站。所用资料均经过核实，资料的出处标于篇末。

7. 为科学客观反映我国基层社会变迁，编者保留档案文献中反映各时期政治过程在基层社会影响的内容，希望读者正确鉴别。

《中国城市街道与居民委员会档案史料选编》编委会
2019 年 6 月

目　　录

1981

福州市台江区后州街道把就业政策交给群众①

　　全国劳动就业会议以后,福州市台江区后州街道采取召开群众大会、职工大会、各种类型座谈会、上门访问和问题解答等形式,广泛宣传会议精神和就业政策,使广大群众特别是待业青年对街道小集体企业和自谋职业有了正确的认识,从瞧不起到愿意去,克服了坐等国家统一分配的思想。

　　把政策交给群众,群众的积极性就起来了。江滨居委会待业青年听完动员报告后,马上向居委会提出要在码头组织一个短途运输队,为外地来的旅客服务的建议。到目前为止,已经组织了 20 部三轮载客车和 10 辆板车。台江居委会待业青年陈建霖,从小跟他父亲学习修理钟表的手艺,过去也曾想过开设钟表店修理,只因怕被批判成"走资本主义道路"而不敢开业,只得在家等着招工。听了宣传后,打消了顾虑,很快就在台江码头附近开起了钟表修理服务部,很受群众欢迎。迎晖居委会待业青年庄光霖,有电工、修补轮胎等技术专长,自 1975 年领到留城证后,一直在家等待国家招工,今年已 30 岁了,还未得到分配。听了劳动就业新方针的传达后,他立即找居委会,要求安排到街道工厂,发挥自己的一技之长,为发展街道集体事业做出贡献。

　　在宣传发动中,各居委会边动员,边行动,组织群众,千方百计地寻找生产门路,在短短的时间里,取得了较为明显的成绩。到去年 10 月底,已经办起了糕粉加工场、毛笔加工厂、螺丝加工厂、白铁加工场、缝纫机零件厂、豆腐加工场等 13 个工厂(场),以及青年饮食店、杂货店、五金店等 11 个商店,共安置了待业人员 437 人,其中待业青年 116 人,占应安置数的 81%,并为 171 名临时工重新安排了工作。全街道开业的个体户也已经达到 223 个,从业人员 264 人,其中待业青年 90 人。

福州市台江区后州街道

【选自《劳动工作》1981 年第 2 期】

---

　　①　原文标题为《把就业政策交给群众》。

民政部关于城市居民委员会的工作
由民政部门归口管理的通知

各省、市、自治区民政厅(局):

　　城市居民委员会的工作,在"文化大革命"前由内务部管理,内务部撤销后各地分管部门不一致。1980年1月重新公布1954年《城市居民委员会组织条例》时,中央有关领导同志指示,城市居民委员会的工作统一由民政部管理。

　　希望各级民政部门把城市居民委员会的工作抓起来。在贯彻《城市居民委员会组织条例》当中,有什么新情况和新问题,请总结经验,提出改进意见。

1981 年 3 月 19 日

【由中央档案馆提供】

安阳市南上关居民委员会综合治理的几点做法①

河南省安阳市文峰区南上关居民委员会管辖居民 460 户,1736 人。由于十年浩劫,这里原本治安秩序非常混乱,南上关被称为"难管"。1978 年以来,南上关居委会在各级党、政的领导下,在有关部门的积极配合下,从宣传、生产、防范、民调、家庭五方面入手,综合治理,使辖区治安面貌发生了很大变化。

1977 年以前,南上关是全市闻名的"三多"地带。一是违法犯罪人员多:有几伙男女青少年,经常偷盗扒窃,打架斗殴,流氓赌博,起哄闹事,什么坏事都干。南上关南头有座小桥,是行人车辆之路,这些违法青少年成群结伙,经常在桥边哄抢来往车辆、行人的东西。谁敢说个"不"字,就会被毒打一顿,东西被哄抢一空。过往群众说:"宁绕三里远,不过南上关"。1975—1977 年共打击处理了 22 人,仍然刹不住这股风。二是刑事案件、治安事件多:南上关地处交通要道,又是城郊接合部,农民、市民混居,人员复杂,撬门偷盗、抢劫财物、持刀伤人等案件、事件不断发生。据不完全统计,1975—1977 年,发生刑事案件 12 起,治安事件 28 起。三是民事纠纷多:南上关大都是老住户,同一个院住的又大都是亲兄弟,前几年由于社会风气不好,邻里关系紧张,因为分家、盖房和婆媳、妯娌不和引起的民事纠纷每年都有十几起,居民院、大街上,吵骂打架的几乎不断。

1978 以来,南上关居委会在文峰区委的领导下和区妇联、御路街办事处、南关派出所、南关小学和附近工厂企业等部门的大力支持下,实行各方面配合,综合治理,社会秩序大变,"三多"成"三少":一是违法犯罪人员减少,1978—1980 年三年共打击处理 6 人,比前三年下降 73％;二是案件减少,1978—1980 年三年共发生刑事案件 4 起,比前三年下降了 67％,治安事件也很少发生;三是民事纠纷大大减少,1978—1980 年三年发生民事纠纷 5 起,比前三年下降了 90％。南上关居委会之所以能够由乱到治,三年大变,主要是抓了以下几方面的工作。

① 原文标题为《综合治理三年大变——安阳市南上关居民委员会的几点做法》。

一、经常开展法制宣传工作

南上关居委会坚持经常性的法制教育,取得了可喜成果。他们采取的做法,一是紧跟形势宣传法制。1978年市革委会发布了关于维护社会治安秩序的通告,1979年国家相继公布宪法、刑法、刑事诉讼法,1980年重新颁布治安管理处置条例时,居委会都及时挑选退休工人、街道居民和青年学生,组成法制教育宣传队,并请南关小学配合,编写群众喜闻乐见的文艺节目,运用多种形式,在街头巷尾、居民院户轮番演出宣传,使各项法律、法规家喻户晓,人人明白。二是利用正反典型事例宣传法制。这个居委会对打击的犯罪分子和处理的治安事件,都要由派出所和街道一起召开群众会,讲这人为什么违法犯罪,违犯了哪个法的哪一条,教育群众遵纪守法。同时,他们还经常开会讲由坏变好的典型事例,对群众教育深,作用大。三是抓住治安苗头,有针对性地宣传法制。居委会的干部和组长对法制观念淡薄的人平时做到心中有数,经常掌握他们的动向,一有苗头就及时进行法制教育,防止酿成大事。一次,群众反映一个青年带过一把匕首,居委会主任关玉花等同志马上到这个青年家,经过耐心的法制教育,这个青年终于交出了匕首,防止了后患。

二、组织无业人员就业生产

1977年前,南上关有一帮有名的不法青年,男有"黑龙江"、女有"五姐妹",他们没有正当职业,游荡在社会上,滋事生非,扰乱治安。居委会开始组织他们学习时,第一天晚上都来了,第二天晚上只来了一半,第三天晚上只剩下一两个了。街道干部们一打听,原来青年们编了一个顺口溜:"十六七了没事干,整天围着大街转,看个电影一毛五,还得回家问父母,你说叫苦不苦。"家长说:"能给这些青年找个活拢住他们,就是一月给五块钱,我们也不嫌少。"发展生产,从经济上、思想上把青年们安定下来,成了摆在街道干部面前的一项重要课题。他们跑遍了附近的工厂和仓库,克服了种种困难,在有关单位和街道职工群众的帮助支持下,相继办起了缝纫、围巾加工、代销、饮食、旅社、托儿所等17个生产点,三年来先后安置待业青年和闲散人员105人,做到街道无闲人,人人有活干。

失足青年虽然都有活干了,但安置就业不能完全代替思想政治工作。要把他们教育挽救过来,还得下一番功夫。街道居委会采取普遍教育与个别帮教相结合、严格纪律与表扬鼓励相结合的方法,使8名失足青年中有7名逐渐转变过来。这里的"五姐妹",过去长期在外鬼混,家长生气,居委会没法治。刚把他们安置在围巾加工点时,她们白天干活凑在一块,晚上值班也在一起,一些流里流气的男青年经常去找她们,街道主任就把她们的家长和派出所民警叫来,对她们进行思想教育,隔断她们与流氓的联系。头三个月她们干的活很少,但每月每人还发15块钱。以后她们干活安心了,技术也比较熟练了,就按计件工资多劳多得,促进了她们的积极性。妇代会一个委员还专门负责帮教她们,给她们讲女英雄刘胡兰的故事,引导她们学政治,想前途,增强法制观念,并给她们订了《人民日报》《河南日报》《中国青年报》等报刊。一个女青年从生产点连续跑了三次,街道干部把她找回来,不歧视、不打击、不记老账,发现一点进步就及时表扬鼓励,使她深受感动,终于转变过来。经过安置和教育,现在"五姐妹"中有四人成了生产骨干。原来偷盗扒窃的"黑龙江",成了一次拾到一块英纳格手表、一次拾到20元钱和70斤粮票都送交失主的好青年。

三、加强安全防范工作

在安全防范工作中,南上关居委会主要抓了两个方面:一方面是坚持经常性的治安巡逻。原来这个居委会的夜间巡逻主要由街道治保人员挨户派人搞,往往不落实。1978年居委会大办生产以来,把生产点上一百多名工人分成七个组,每组十三四人,分为前、后夜两班,由治保委员和生产点负责人带领巡逻。这样由于人员稳定,一周才轮一次,既不妨碍工作,也不影响休息,群众满意,效果好,能够坚持。另一方面是抓紧白天的院户防范,发动群众互相照看门户,治保人员经常到双职工的院户查看,堵塞了漏洞。安全防范工作取得了三点成绩:一是杜绝了自行车被盗案件;二是居民院户没有发生过夜间被盗案件;三是抓获了一些犯罪分子。一次,一个坏家伙在南环城路拦截两个女军人后,又窜到南上关,搂住一上夜班的妇女大耍流氓,巡逻人员和居民群众闻声赶来,四面堵截,当场抓住了这个坏家伙。

四、主动调解民事纠纷

南上关的民事纠纷大都是家庭内部的房产地皮纠纷。对待这些民事纠纷有三条办法:一是预防为主,经常宣传发扬共产主义风格,讲社会主义精神文明,表扬毫不利己专门利人的好人好事。上关南头原来的厕所很小,里面经常垃圾遍地,屎尿横流,王宝贝老大娘主动让出30平方米的地皮,由卫管所扩建了厕所,改进了卫生条件,居委会就在大会小会不断地进行表扬。二是制定措

施,居民建新房不经上级批准不准建,四邻不签字盖章不准建。三是有事积极
处理,街道主任、调解委员、居民组长有"三不":时间再晚不迟去,问题复杂不
推辞,事情难办不上交。由于坚持了三条行之有效的办法,1978—1980 年三
年中发生的民事纠纷都得到及时处理,防止了从民事纠纷转化成治安事件乃
至伤害案件。1979 年春天,韩效孔和魏振英两家发生冲突,街道调解后,第二
天一早,魏振英拿着一把破菜刀到街道主任家,说韩效孔昨天拿刀撬门窗要杀
她全家,几个街道干部马上赶到现场察看,魏俊英家的门、窗并没有撬过的痕
迹,经过了解,菜刀是韩家切菜喂鸡后忘在院里的。街道干部立即分头劝说,
让韩家克制自己,批评了魏振英不实事求是的态度,消除了思想上的疑虑,两
家都表示不再闹事,从此和好了。

五、开展"五好居民""五好家庭"活动

以前,在南上关,部分家庭不和和邻里之间的一些小事引起过许多问题:
有的婆媳不和,虐待遗弃老人,最后告到法院;有的领导不睦,吵骂及至打架;
有的溺爱子女,包庇纵容犯罪。群众强烈要求改变这种状况。从 1980 年开
始,区妇联和御路街街道办事处开始在南上关开展"五好居民""五好家庭"活
动试点。从制订"五好"条件,宣传好婆婆、好妈妈、好媳妇、好子女、好邻居入
手,定期评选"五好居民"和"五好家庭",戴光荣花,挂光荣匾。居民群众的道
德和精神文明程度逐渐提高,为做好治安工作促进安定团结带来几大好处:一
是家庭和睦纠纷少。李四妮、朱桂枝婆媳二人,过去是谁拿到粮本就藏起来,
不让对方买粮吃,到法院过了好几次堂。在"五好"活动中,妇代会对朱桂枝、
李四妮耐心正面引导,终于使双方和解。现在,李四妮积极搞好家务,支持媳
妇干好工作,朱桂枝成了先进工作者,选上了车间工会主席,在家里,有一点新
鲜吃食先孝敬婆婆,被评为"五好家庭"。二是邻居团结关系好。有一个院内
六户都姓段,以前,因为地皮房产纠纷经常吵骂、打架。一次老四家当兵的三
儿子和儿媳回家探亲,老三家的孩子把老四家的三媳妇打了,由于打了现役军
人,街道开大会批评,派出所拘留了打人者 15 天,此后两家矛盾更大。在这次
"五好"活动中,妇代会做了耐心细致的思想工作,使他们消除隔阂,现在弟兄
几家和好如初,上街买菜一人买几家,院里留一人能把六户的炉火都看好,受
到群众的赞扬。三是有利于教育青少年。开展"五好"活动后,娇惯子女的家
长开始对孩子严格要求,脾气暴躁的家长逐渐改变了过去经常打骂子女的毛
病。由于家长言传身教,青少年教育工作大大加强。四是形成了见义勇为、助

人为乐的好风气。从开展"五好"活动以来,南上关出现了勇抓坏人、拾金不昧、义务劳动、互相帮助等好人好事近千人次。今年"三八"节前,全居委会共评出和睦家庭 186 个、"五好"家庭 52 个、"好妈妈"40 人、"好媳妇"18 人。

现在,南上关居委会正进一步总结经验,寻找差距,积极开展"五讲""四美"活动,为把南上关建设成一个安定团结,文明礼貌,遵纪守法,风尚良好的社会主义新街道而奋斗!

【河南省《整顿治安情况简报》1981 年第 21 期　选自《人民司法》1981 年第 7 期】

景德镇街道办起文化站

　　江西省景德镇 80％ 以上的街道办起了文化站、文化室,使居民们,特别是青少年在业余和课余有了活动场所。

　　这些街道文化站、室拥有电视机 97 台,还有许多图书、报刊、文化体育器械,开办文化补习班,组织青少年开展文体活动和一些公益活动。许多青少年参加文化站、室的活动以后,感到心情舒畅,精神振奋。一些过去闲逛的青少年,现在思想进步很快。

　　为了办好街道文化站、室,景德镇市从地方财政中拨款支持,各街道发动居民群众改建和集资新建房屋,作为活动场所。管理工作除配备少数专职人员外,大多数由居民委员会干部、退职退休干部和教师担任。

【选自《人民日报》1981 年 4 月 17 日】

抚顺市兴办集体商业小网点

辽宁省抚顺市街道办事处和居民委员会已办起集体商业小网点 430 多处,补充了国营商业网点的不足,方便了群众生活。

【选自《人民日报》1981 年 4 月 29 日】

杭州市上城区小营巷街道将搞好居民委员会建设作为街道办事处一项重要任务①

　　小营巷街道共有 8786 户,30619 人,划分为 12 个居民区。其中有 2 个居民区在 1000 户以上,最少的也在 500 户以上,一般在 700 户左右。除五星里居民区曾经有过改选外,11 个居民区都是在 1973 年改选的,至今已八九年了,大部分居委会干部年老体弱,与组织工作不相适应。我们从去年九十月份开始进行改选,已完全选好的有 6 个居民区;小组干部已选好,尚需研究选举正副主任的有 3 个居民区;还有 3 个居民区没有改选。从已改选的 6 个居民区来看,已经初见成效。

一、改选居民委员会非常必要

　　按照《城市居民委员会组织条例》的规定,"居民委员会每届任期一年",由于长期没有改选,居民委员会的作用不能很好发挥。当前街道工作任务重,都要落实到居民区,经常性的有 20 多项,临时工作又多,可称"上面千条线",都落在居民委员会"一根针"上,居民委员会组织很不适应当前形势。

　　从居民委员会组织情况来看,长期没有改选,突出反映为居民区正副主任残缺不全,主要干部年纪大、身体差,有的伤残,有的死亡。从已改选的 6 个居民区来看,改选前已死亡 3 人,跌伤的 2 人,转入生产加工组工作的 3 人。年龄在 70 岁以上的 10 人,平均年龄 66.5 岁。有些干部年老行动不便,上街道开会,跑居民区工作、夜间巡逻,万一发生不幸的事情怎么办,实在使人提心吊胆。这些老居民干部有时还遭到他们子女的指责,也使我们问心有愧。处于这种状况,工作只能是做到哪里算哪里。加上居民区新造的高楼大厦,越造越多,越造越高,小营巷的人已住进去的有 7 幢,灯塔巷有 9 幢,他们介大年纪②,要登高上楼,实在力不从心。

---

　　①　原文标题为《搞好居民委员会建设是街道办事处一项重要任务》,根据小营营巷街道党委汇报材料整理而成。

　　②　介大年纪:方言,这么大年纪的意思。——编者注

同时,由于多种因素,居民小组干部越来越少,一个小组原有三四个干部,工作大家做做还可以,现在只剩个别干部,有的小组一个也没有,大小工作压在少数干部身上,有的干脆不干,工作无人负责。

我们感到居民委员会这样的组织状况不改变、不加强,街道工作也搞不好。为此,街道党委专门讨论研究,统一思想认识,把居民委员会建设列入议事日程,指定专人负责,制订计划,抽调力量,先易后难,逐步改选,改变人员年老多病、组织残缺不全的状况,发挥居民委员会应有的作用。

二、我们的大体做法

1.制订计划,确定各居民委员会设主任1人,副主任4人分管治保、卫生、生活福利、妇女调解工作委员会。居民小组由3～5人组成。商量了方法步骤,确定以北保健巷为点。

2.从街道到居民区组织一个工作班子,党委由委员分管,组织干事、外勤和民警参加,居民区由支书、部分居民干部和退休工人3～5人组成。

3.调查摸底,物色人选。一方面摸清原有干部的年龄、健康状况和表现,另一方面在退休工人中摸清哪些人年纪较轻,身体较好,家务牵连不大,适宜于做居民工作的情况。做到心中有数,从中物色能继续工作的干部和可充实的对象。

4.对居民干部和群众分别开会动员,讲居委会的性质任务,讲为什么要改选,如何改选,并提出要求。

5.进行选举。先选小组干部,再选居委会干部。按1～2个行政小组为单位开群众会,让群众提候选人5～7人,经酝酿后用举手方式进行选举,选出得票多的3～5人,从中推选正副组长和居民委员;再把委员集中起来推选出正副主任,报街道审批。在选举过程中始终坚持协商办事。

6.对年老体弱准备离任的干部,选举前做好深入细致的思想工作,肯定他们多年来的工作成绩,说明离任是照顾他们的身体。同时对原是家庭妇女的主要干部,离任后按月发给10～15元补贴(20年以上的15元),对其他离任干部也发给纪念品。

7.张榜公布,先开新老干部座谈会公布,做好思想工作,再向群众宣布。

三、改选后的初步变化

1.从上到下班子有了加强。从新选出来的30名正副主任来看,新充实的有 18 名,这些同志表现好的和比较好的有 29 名,只有 1 名表现一般。班子素质提高了。退休工人 23 人,占 77%,党员 14 人,占 47%,身体健康的 24 人,占 80%,平均年纪 57.9 岁,下降 8.6 岁,其中 47~59 岁占 73%。文化水平也有提高,大学 1 人,中专 1 人,初中 5 人,高小 11 人,初小 3 人,初识字 2 人,共 23 人,占 77%。

2. 新当选的新老干部,人心齐、干劲足,工作踏实,积极性高。他们反映"改选以前心不定,改选以后心定了"。新当选干部有责任心,连选连任的干部有积极性,新老干部团结,工作有起色,改变了原来力不从心的状况。原来年老体弱的干部办不到的事,现在办到了。原来有的居民主任到街道开会也要派代表,回去后向他汇报,工作仍叫别人去跑,根本不起作用。现在有的居民主任年轻身体好有能力,还会写写,遇事会搞些调查,工作抓得紧,群众反映好。

3. 通过组织整顿,制度逐步健全,作风有了改变。过去有个别主任,担任工作时间长,自以为熟悉情况,想当然办事,不深入实际,有的认为居民工作离不开自己,自己说了算,架子大起来了,甚至骂人训人,有的居民敬而远之,居民来盖一个图章,高兴时盖,不高兴时不盖。个别的搞不正之风,随便接受群众送的东西,影响不好。居民区的学习、工作制度也不够健全。现在制度健全,团结加强。新选出的 6 个居委会,大都建立了早晨碰头的制度,即支书和正副主任碰头研究急需处理的事,分工协作,并建立了学习制度。大家有说有商量,一般工作由分工干部抓,突击工作如卫生、治安、青少年教育等,大家一起抓,互相协作,配合得很好。

【选自《上城简报》第 36 期 1981 年 9 月 18 日由杭州市上城区档案馆提供】

杭州市上城区关于街道居民区民政福利工作委员会的作用和任务的学习资料^①

  我区街道居民区民政福利工作委员会建立以来，在党和政府的正确领导下，认真贯彻民政工作的方针政策，广泛开展拥军优属活动，积极举办社会福利事业，努力搞好社会救济工作，热情地为广大烈属、军属、残废军人、复员退伍军人和社会上的鳏寡孤独，老弱病残等民政对象服务，做了大量的工作，取得了很大的成绩。这对鼓舞部队士气，密切党和人民群众的关系，促进安定团结，都发挥了很好的作用。最近，居民区的组织进行了整顿、改选，民政福利委员的干部力量得到充实加强，组织得到健全。为了使大家认识民政福利工作委员会的地位作用，明确任务，将有关问题分述如下，供学习参考。

  一、民政福利工作委员会的地位和作用。民政工作历来是党的一项重要工作，它在整个革命事业中占有一定的位置。在我国各个历史时期，毛主席、周总理、朱总司令和陈毅同志等中央领导同志和其他老一辈无产阶级革命家，都十分重视民政工作，对优抚、复员、救灾、社会救济和社会福利事业作了一系列指示，规定了民政工作的任务、方针、政策。战争年代，在党的领导下，解放区的民政干部协同各部门发动群众，拥护革命军队，支援前线，优待军人家属，安置难民，救济灾民，为巩固和扩大革命根据地、壮大人民军队、取得革命战争胜利，发挥了重要的作用。全国解放以后，民政部门积极组织失业人员生产自救，收容流民乞丐，解决旧中国遗留下来的社会问题，彻底改变了旧社会那种"朱门酒肉臭，路有冻死骨"的富人欢乐而穷人悲惨的境况。随着社会主义建设事业的发展，陆续建立了社会福利事业机构。对孤老残幼（含聋哑人）进行妥善安置。同时进一步加强了民政工作，继承和发扬党的光荣传统，组织群众开展拥军优属活动，密切了军政军民关系，认真搞好生产救灾工作，使受灾群众的生活困难得到适当解决，努力做好社会救济工作，使困难户的生活得到基本保证，做到老有所养，幼有所教，各得其所，生老病死都有保障，使他们感到

---

  ①   原文标题为《关于街道居民区民政福利工作委员会的作用和任务》。

社会主义大家庭的温暖、社会主义制度的优越、党和政府的关怀。许多人深有体会地说:"爹娘亲不如共产党亲,天大地大不如毛主席的恩情大。"实践证明,民政福利工作的意义是很大的,搞好这一工作,使应当抚恤的人得到应有的抚恤,使必须救济的人得到及时的救济,逐步改善他们的生活,提高他们的社会主义积极性,与密切党和人民群众的关系,鼓舞部队士气,促进安定团结,巩固无产阶级专政,建设社会主义现代化强国,都有着直接的关系。

二、民政福利工作委员会的主要任务。居民区民政福利工作委员会,要认真贯彻党的十一届六中全会精神,坚持四项基本原则,高举马列主义、毛泽东思想的伟大旗帜,遵守毛主席关于"民政工作就是做人的工作,不要怕麻烦"的教导和按照党对民政工作的方针政策,在各级党委和政府的领导下,在上级民政部门指导下,努力做好各项民政福利工作。

三、要大力做好优抚工作。"拥军优属,人人有责",优抚工作,是全党全民的一项长期的政治任务,必须大力搞好。要认真贯彻"坚持政治挂帅,安排生产,群众优待、国家抚恤"的方针,积极做好政治思想工作,教育优抚对象发扬革命传统,争取更大光荣;教育人民群众饮水思源,发扬拥军优属社会风尚。要发动群众和有关单位制定拥军优属公约,除每年元旦春节和"八一"建军节要广泛深入地开展拥军优属活动外,每月每季也要落实优抚措施,努力使拥军优属工作做到经常化、制度化、群众化。

四、要积极做好社会救济和社会福利工作。按照生产自救,群众互动,普及政府必要的救济的方针,组织社会困难户开展生产自救,发动群众互济互助,对有劳动力的救济对象,要尽力组织他们参加街道和居民区举办的生产和生活服务事业,从事力所能及的劳动,对确无生活来源而丧失劳动能力的孤老,要及时向街道反映,给予定期定量救济,发现急病重症,要给予贫病医疗补助,经常关心他们的生活,帮助解决实际困难,对氓流乞讨人员,要配合有关单位和督促家长加强管理教育。

五、要发动群众,因地制宜,千方百计,广找门路,举办和发展社会福利生产和工疗站组,解决社会上缺乏正常就业条件的病残人员和社会困难户的生活出路问题,加强对精神病人的管理和防治工作。

六、要广泛宣传婚姻家庭法,大力提倡晚婚,实行计划生育。要支持婚姻自主,提倡节约办婚事的新风尚,反对包办、买卖婚姻。

七、要大力宣传市革委会关于改革丧葬的各项规定,积极推广火葬,提倡节约办丧事,反对封建迷信和铺张浪费。

对民政福利工作委员会的几点要求。

（1）要认真学习。民政工作内容复杂，任务繁重，政策性强。因此，民政福利工作委员会的干部要加强学习，认真学习马列主义、毛泽东思想，学习党的民政工作的方针政策，认识做好民政福利工作对四化建设的重要作用和意义，明确任务，树立光荣感和责任感，积极地、主动地做好各项民政福利工作，为实现四个现代化贡献力量。

（2）要搞好团结。民政福利工作委员会在进行工作的时候，应当贯彻民主集中制的原则，坚持实事求是的精神，定期召开会议，交流情况，研究工作，干部之间要加强团结，工作上要互相支持，密切配合，同心同德，齐心协力做好工作，充分发挥组织作用。

（3）要关心群众疾苦。民政工作是"上为中央分忧，下为群众解愁"的光荣任务，它与广大人民群众息息相关，直接关系着群众的切身利益，我们要有深厚的无产阶级感情，热情地为优抚和社救的对象服务，定期访问，发现问题及时向街道和民政部门反映，解决优抚和社救对象生活上的一些实际困难。

（4）要发挥优抚对象的作用。在民政优抚对象中，有各个革命时期的革命残废、复员、退伍军人和离休、退休干部，从老红军、老八路到全国解放以来的都有，他们有丰富的工作经验和优良传统作风，要很好地向他们学习，发挥他们的作用。

（5）要主动争取各方面的支持，拥军优属工作，是一项群众性的工作，要在街道党委和街道办事处的统一领导下，发动和组织粮站、菜场、燃料店、房管站、食品店、卫生院、中小学等与优抚工作有密切关系的单位，争取他们的支持，共同做好优抚工作，办好福利事业。

【选自居民干部业务学习参考资料（之二）1981年10月12日由杭州市上城区档案馆提供】

杭州市上城区关于居民区卫生工作委员会的地位作用和主要任务的学习资料①

居民区卫生工作委员会是城市发动组织群众广泛参加爱国卫生运动的群众性基层组织,爱国卫生运动是移风易俗,改造国家的一件大事,它直接关系到人民群众的健康,关系到四化建设和建设社会主义精神文明。居民区卫生工作委员会建立以来,在党和政府的领导下,在街道办事处和卫生部门的指导下,根据居委会的统一部署,广泛发动群众,积极投入以讲卫生、除四害、预防疾病为重点内容的爱国卫生运动,取得了显著的成绩,为人民健康和社会建设做出了贡献。居民区卫生工作委员会的成员,工作认真负责,任劳任怨,以身作则,受到党、政府和广大群众的赞扬。最近,中共中央书记处指示,"建设精神文明要先从城市搞起,从清洁卫生工作上突破",对爱国卫生运动提出了新的要求,爱国卫生运动也增添了新的内容。特别是我们杭州是国际闻名的花园城市,是全国对外开放的重点旅游城市之一,搞好爱国卫生运动,尽快把杭州建设成经济繁荣、风景优美、整洁卫生、社会闻名的社会主义现代化城市,对内对外都具有重大意义,这也是我们的光荣职责。根据这个总的要求,居民区卫生工作委员会在居委会的统一领导下,主要有以下几项任务:

一、宣传党和政府的有关卫生工作的方针、政策,不断提高广大群众搞好爱国卫生的自觉性。经常采用大、小会议和运用黑板报等多种形式开展"五讲""四美""四整顿"和"五要""五不要"的宣传,使绝大多数的群众能自觉遵守《杭州市人民"五要""五不要"守则》(草案);积极参加爱国卫生运动,主动配合卫生部门开展普及卫生科学知识的教育,使群众掌握讲卫生、除四害、预防疾病的科学知识,自觉地与不卫生的习惯作斗争。

二、发动群众,搞好卫生,建立制度,保持经常。根据政府和爱卫会的部署,结合居民区的实际,在居委会的统一安排下,发动组织辖区内单位和居民住户大搞环境和室内外卫生,检查督促辖区内单位和居民住户保持室内外经

---

① 原文标题为《关于居民区卫生工作委员会的地位作用和主要任务》。

常整洁,逐步做到无痰迹,无果壳纸屑,无积尘和死角;摆设合理、整齐、美观。督促辖区内单位和居民小组、墙门、住宅大楼坚持每周爱国卫生日制度并建立健全切合实际的卫生制度,做到划片包干,责任到人,认真执行区爱卫会关于推行"整洁户""卫生墙门"(卫生住宅大楼)"卫生先进单位"的试行标准。开展经常性的检查评比,及时表彰先进。

三、发动群众,消灭四害。广泛布防捕蝇笼、毒蝇堆、诱蚊缸、灭蚊灯、鼠笼、鼠夹、粘鼠板等除四害工具,大力消灭四害,发动群众采用扑打、喷洒等方法,消灭成蚊成蝇。配合卫生专业人员严密控制蚊蝇孳生场所,配合城建、房管部门搞好窨缸(井)、下水道等的维修,做好治本工作。

四、认真贯彻预防为主方针,提高人民健康水平。配合卫生专业人员,做好预防接种(服药)工作,认真做好饮用水井的消毒。建立健全疫情报告网,发现疫情立即报告。组织群众开展各项体育活动,提高人民健康水平。

居民区卫生工作委员会要做好上述工作,必须认真组织成员学习马列主义、毛泽东思想,学习党和政府有关卫生工作的方针政策,学习和掌握讲卫生、除四害、预防疾病的科学知识,提高认识,团结一致,同心同德,为提高居民区的卫生整洁水平而进行不懈的努力。要在党和政府的领导下,在街道办事处和卫生部门的指导下,在居委会的统一安排下,配合有关单位,将讲卫生、除四害、预防疾病的科学知识交给群众,使群众自觉地起来与不卫生的习惯作斗争。要坚持经常与突击相结合,依靠和发动群众积极投入爱国卫生运动,搞好辖区内单位和居民住户的环境和室内外卫生;推广先进经验,采取有效措施,大力消灭四害,严密控制蚊蝇孳生场所,做好治本工作;认真贯彻以预防为主的方针,实行卫生与体育相结合,不断提高群众的健康水平。居民区卫生工作委员会成员要以身作则,凡是要求群众做好的,自己必须要首先做到。同时,要关心群众疾苦,积极创造条件,从实际出发,帮助群众解决搞卫生中遇到的难题,要及时将群众的意见和要求反映给有关部门,争取给予解决。对于一时难以解决的问题,要向群众做好宣传解释工作。

【选自居民干部业务学习参考材料(区卫生局整理)1981 年 10 月 26 日由杭州市上城区档案馆提供】

杭州市上城区关于街道居民区人民
调解委员会的作用和基本任务的学习资料^①

　　我区街道居民区人民调解委员会自建立以来,在区委和区政府的领导下,在街道办事处的具体指导下,在及时解决民间纠纷,加强人民中的爱国守法和道德风尚教育,增进安定团结,预防纠纷发生,为社会主义现代化建设和巩固人民民主专政服务等方面,做了大量工作,发挥了很好的作用,做出了积极的贡献。

　　全国人民调解工作会议今年 8 月在北京举行。这次会议认真总结了人民调解工作的经验,研究了人民调解工作如何为党的政治路线服务,如何在整顿社会治安的"综合治理"中发挥积极作用等问题。会议为进一步搞好人民调解工作指出了明确的方向。

　　一、关于人民调解组织的性质和做好人民调解工作的重要性

　　人民调解组织是人民当家作主、自我教育、自我监督、自我约束和自我管理的群众性组织,是人民自己解决自己的矛盾纠纷的好形式。这是人民当家作主,按照国家的政策、法律管理好自己以及参与国家管理、实行社会主义法制与民主相结合的原则的体现。中央领导同志指出:"人民调解工作是促进安定团结、保障经济建设的一项重要工作。人民调解组织不但是司法机关的有力助手,而且是党处理人民内部矛盾的有力助手。"人民调解委员会是政治工作建设的第一道防线,人民调解队伍是维护社会安定团结的一方面军,担负着"调解千家事,温暖万人心"的重任。俗话说:"清官难断家务事",做好调解工作就是做了清官难办到的事,有利于我国政治上进一步安定团结,有利于发展社会主义经济文化。人民调解工作也是我国法制建设的重要组成部分。做好人民调解工作,对于深入进行法制观念教育,提高人们的社会主义道德风尚,减少纠纷,预防犯罪,落实社会治安的"综合管理",保障经济调整的顺利进行

---

　　①　本文标题为《关于街道居民区人民调解委员会的作用和基本任务》。

都有十分重要的意义。根据这个总的精神和要求,广大调解工作干部要认清形势,提高认识,明确职责,树立为人民做调解工作的光荣感和责任感,踏踏实实把调解工作做得更好,为促进安定团结和"四化"建设做出应有的贡献。

二、关于调解委员会的基本任务

(一)根据《调解组织通则》的规定精神,认真做好夫妻纠纷、家庭纠纷、赡养纠纷、房屋纠纷、债务纠纷、财产纠纷、邻居纠纷以及一般殴打伤害、小额偷摸、妨害名誉等各类调解工作。

(二)防止纠纷激化,减少纠纷的发生。在及时的调解和处理各项纠纷时,特别是对那些可能引起矛盾激化,造成严重后果的纠纷,一定要做过细的思想工作,并进行必要的法制教育,力争把矛盾解决在萌芽之中,切实防止激化和扩大。当前,要积极参加社会治安"综合治理",狠抓防范工作。要经常地根据本地区的实际情况,调查分析纠纷问题。要对纠纷户、纠纷苗子和各种不安定因素,分居民小组排队摸底,做到心中有数,把工作做在前头。对于大量有轻微违法行为的人,要依靠全党,依靠社会力量,加强教育、感化、挽救工作,预防犯罪。

(三)通过调解和根据调解纠纷的需要,运用各种宣传工具和形式,进行政策、法律、法令和道德风尚的宣传教育,不断增强人民的法制观念,发扬社会主义新风尚。当前,特别是要加强对青少年的法制和道德风尚教育,使他们懂得各项法律知识,使他们知道干哪些事情是合法的,干哪些事情是违法的;什么是正当行为,什么是犯罪行为。从而,自觉地遵纪守法,同各种违法犯罪行为作斗争。总之要把法制宣传教育渗透到各个方面、各个环节,运用各种形式、各种会议,深入宣传到千家万户。

三、关于人民调解工作必须遵守的原则

(一)必须遵照国家的政策、法律、法令进行调解。

(二)调解协议必须取得双方当事人的同意,不得强迫调解。

(三)必须了解调解不是起诉的必经程序。不得因未调解或调解不成而阻止当事人向法院起诉。调解干部一定要坚持以事实为根据,以法律为准绳,既要坚持自愿的原则,又要坚持依法办事,防止主观臆断、强迫命令和无原则地和稀泥。

四、关于调解人员必须遵守的纪律

(一)不得徇私舞弊,接受当事人的请客送礼;

(二)不得对当事人进行处罚、搜查、拘押和侮辱;

(三)不得对当事人进行威胁、压制和打击报复;

(四)不得泄露当事人的隐私。

五、关于调解委员会的工作方法,工作、学习制度以及要求

(一)调解委员会调解纠纷时,应倾听当事人的意见,依靠群众,深入调查研究,弄清情况,以和蔼耐心的态度、说理的方式进行调解。调解协议达成后,应进行登记,根据当事人的要求可发调解书。

(二)在及时调节各种纠纷时,一定要执行调解工作的方针、政策和原则,坚决依靠群众,调查研究,就地解决。特别是对那些可能引起矛盾激化、造成严重后果的纠纷,一定要做过细的思想工作,要分清矛盾的性质,对当事人进行耐心的思想工作,并进行必要的法制教育,力争把矛盾解决在萌芽之中,切实防止矛盾的激化和扩大。

(三)调解委员会不仅要进行调解,还要预防纠纷发生,在群众中进行爱国守法教育和社会主义道德风尚教育,对有轻微违法行为的人,做好帮教工作。调解人员既是人民内部纠纷的调解员,又是法制宣传员和有劣迹青少年的帮教员。

(四)调解委员会要建立以下工作制度:

1.要普遍建立案件登记、调解笔录。制作调解书,制定登门拜访制度。

2.每日对调解纠纷实行统计、汇总、分析。对本地区、本单位发生的纠纷和调解处理情况,以及预防矛盾激化的发生所采取的制止措施,要向党政领导请示汇报。对重大疑难案件要及时向党政领导汇报请示。

3.建立总结工作、交流经验,表彰先进的制度。年终要进行一次总结评比活动,把正确执行国家法律、法令和政策的,在调解工作和预防矛盾激化的工作中成绩显著的基层调解组织和先进个人评选出来,以推动人民调解工作。

(五)调解委员会必须建立政治业务学习制度(每月1~3次),可根据实际情况确定下来。通过学习,树立全心全意为人民服务的观念,提高对调解工作的认识,提高政策业务水平和调解处理纠纷的能力,增强搞好调解工作的光荣感和责任感。还要学习有关法律、法令和政策,学习《人民调解委员会暂行组

织条例》，以学好正确、合法、及时地处理各种纠纷的本领，为建设社会主义的精神文明和物质文明做出更大的贡献。

【选自居民干部业务学习参考材料(之五)1981 年 11 月 5 日由杭州市上城区档案馆提供】

杭州市上城区清波街道诚仁里居民区
计划生育工作报告^①

领导同志们:

　　我代表诚仁里居民区,把我们居民区在 1981 年度中开展计划生育工作的情况向领导和同志们作个汇报。

　　我要汇报的是"我们是怎样做好计划生育工作的"。

　　今年以来,我们居民区在区人民政府和街道党委的正确领导下,认真贯彻上级有关指示精神,广泛深入地进行计划生育工作宣传教育。由于广大群众的积极支持,该项工作取得了较可喜的成绩,做到"两无四满百",就是无计划外生育、无二胎,一胎率、领证率、晚婚率和节育率都达到 100%。

　　我们居民区有 10 个居民小组,共 533 户,1804 人,育龄妇女 275 人,她们都是双职工,单位又在各个地区、各个系统,极为分散,这给计划生育工作的开展带来不少困难。自 1980 年 9 月,党中央发表了《关于控制我国人口增长问题致全体共产党员、共青团员的公开信》,对计划生育工作,提出了新的更高的要求。我们通过认真学习,认识到提倡一对夫妇只生一个孩子,是一项关系到四个现代化速度和前途,关系到子孙后代的健康和幸福,符合全国人民长远利益和当前利益的重大措施。为此,我们把计划生育工作列入议事日程,列入居民区的工作计划,列入评比内容,并进一步健全了组织,除妇女主任外又增添两位妇女委员。各小组由组长抓这项工作,在抓这项工作中,我们干部团结一致,做到分工不分家,不分男女干部,共同协作。具体做法上我们主要进行了如下几方面工作:

　　1.广泛深入地进行宣传教育,大造计划生育的声势,做到家喻户晓、人人皆知。每逢大小会议或每星期二、五的学习时间,都反复宣传计划生育的意义和好处。居民区设了专门宣传计划生育的黑板报,由专人负责每周更换一篇,内容有计划生育的意义,有关科学卫生知识和表扬好人好事等等,并用五彩粉

---

　　①　原文标题为《我们是怎样做好计划生育工作的》。

笔醒目动人。另外,我们居民干部心脑里都放着计划生育这件事,不论在街头巷尾,还是在洗衣买菜或串门闲谈时,凡遇到育龄妇女和她们的家属,都相继进行宣传和访视,随时随地做工作,同时了解节育措施落实情况,做到心中有数,便于工作。

2. 抓紧做好独生子女的工作,动员领取独生子女光荣证。要做好这一工作,除广泛深入地进行宣传教育,提高思想认识外,还要针对不同对象的不同情况,一个一个地做好耐心细致的思想工作,使大家都领了独生子女光荣证。我们有独生子女 108 个,如果独生子女加一倍的话,每个女职工产期 56 天,总共就需要 6048 天。小孩半岁内,按每个职工喂奶 1 小时算要 19640 小时,等于 818 天。若按每天产值 30 元算,等于少收入 206145 元,照我们一个居民区少说说的话就可观了。我们居民区共有一胎育龄妇女 108 人,领证率达到 100%。但也遇到各种困难,由于很多是双职工,出门早,回家迟,特别是育龄妇女,有的在婆家,有的在娘家,我们就不辞辛劳,到处上门,有时要去得很早,有时要等得很晚,直到碰到人,做好她的工作,而且往往不是一帆风顺的,要一而再再而三,真是要磨破鞋底,磨破嘴皮。如诚仁里二弄 1 号小金不在居民区,生活在婆家,回来很晚,难以见面,我们在晚上就去她家门口坐等到九十点钟,直到见着她,做通思想工作才罢休。又如红门局 15 号刘如红,户口在我们居民区,人在建工医院,妇女主任就到她单位找她 4 次,做好工作,领了独生子女光荣证。美珍里 1 号的冯佩君人也在单位,妇女主任到丝绸局去找她 3 次,动员领独生子女光荣证。我们也关心产妇,做好产后访视工作,结合进行计划生育宣传教育。如诚仁里二弄 7 号小沈的爱人,产后乳房生病,我们干部以访视慰问的名义上门看望她,使她很感动,表示马上要去领独生子女光荣证。

3. 健全制度,落实规划,落实节育措施。我们居民区根据具体情况,坚持各项行之有效的制度,如育龄妇女登记、节育措施登记、按月访视等制度,建卡健全,育龄妇女都有名册。如 1981 年居民区内新建一座房屋有 24 户人家都是双职工,为了摸情况,居民主任和妇女主任连续几天在夜里去按户访问育龄妇女,做好登记建卡工作。在此基础上摸清各个育龄妇女的不同情况,然后采取适当的避孕方法,因人制宜地落实各项节育措施。干部对育龄妇女的节育措施了如指掌,如按期送药送工具到手,遇到有探亲的回到了家,就连夜把探亲药挨个送上门。我们也落实规划,对于初婚青年,如未安排规划,也采取避孕措施,做到晚婚。如红门局 30 号小武,本准备在去年生育,为了有计划地生育,我们动员她到 27 足岁生育第一胎,她推迟到今年才生,生了一个白白胖胖的孩子,全家都很高兴。今年我居民区出生的小孩,没有二胎,而且都符合晚育的要求。

4. 做好晚婚教育。今年新婚姻法开始实行,针对这一新情况、新问题,我们采取了相应的措施,加强晚婚教育,大力宣传晚婚晚育的意义和好处,如红门局 12 号邓××,男女双方已符合婚姻法条件,准备结婚,我们了解后,就去做他们双方的思想工作,使他们推迟到女方 25 足岁才结婚。我们居民区今年结婚的男女青年,都符合晚婚要求,晚婚率达 100％。

我们虽然做了一些工作,但与上级对我们的要求相比还有不小的距离,与兄弟居民区相比,还相差不少,我们一定要再接再厉,以中国女排的精神,在新的一年,把计划生育工作做得更好。

清波街道诚仁里居民区委员会

1981 年 12 月

【由杭州市上城区档案馆提供】

杭州市关于城区居委会干部经费补贴的通知①

杭革〔1981〕212 号

各区人民政府:

为了加强城区工作,充分发挥居民委员会的组织作用,对居委会干部的职务补贴和因年老体弱而落选的居民干部的补贴问题,经研究,提出如下意见:

一、每个居委会的支部书记、正副主任中,一般应有 3 至 5 人属于专职居委会干部,以利于集中精力搞好居委会工作。经费由市财政补贴,从现有每个居民区补贴 57.5 元,提高到 80 元(包括办公费,实行包干使用,时间从 1982 年 1 月开始)。补贴经费,必须专款专用,不准移动。

二、关于因年老体弱(男超过 60 周岁,女超过 55 周岁)而落选的纯居民干部的补贴问题。对于他们长期来兢兢业业、全心全意为群众服务的精神,在政治上必须给予鼓励,在经济上由于目前国家财政困难,只能在支部书记、正副主任中,进行适当补贴。补贴方法根据不同对象,可采取两种形式:一是家庭经济条件较好,有子女抚养者,可进行一次性补贴,凡连续工作十年以上者,每年补贴一个月,标准为每月 15 元(十年补贴十个月,按此类推);二是家庭经济条件较差,生活较困难的,可每月补贴,凡连续工作十年以上者,每人每月给予 15 元补贴,落选的时间从 1981 年居民委员会整顿和改选后算起,经费补贴从 1982 年开始由市财政经费列支。凡过去落选的居民干部,原则上一般不予补贴,但对个别贡献较大,经济确实有困难的,请各区自行研究解决。上述意见,请各区研究贯彻执行。

浙江省杭州市革命委员会

1981 年 12 月 19 日

【由杭州市上城区档案馆提供】

---

① 原文标题为《关于城区居委会干部经费补贴的通知》。

杭州市上城区清泰街道开展
"七好"活动加强居委会建设①

党的十一届三中全会以来,我们认真贯彻了全会提出的路线、方针、政策。从 1979 年开始,为了踏踏实实搞好街道工作,各居委会普遍开展了学习总结政治思想工作,以安置就业、生产生活福利事业办得好,爱国卫生、计划生育落实好,调解纠纷、治安防范措施好,尊老爱幼、教育青少年工作好,团结互助、邻里墙门风气好,勤俭节约、移风易俗传统好为内容的"七好"红旗竞赛活动,努力把居委会建设成为一个有利生产、方便群众、安定团结、文明整洁的生产建设后方。这一活动开展以来,干部群众十分关心,积极支持。虽然开展时间不长,但是各居委会讲究精神文明,尊重社会公德的新风尚正在形成。涌现出一批"和睦家庭""恩爱夫妻""婆媳尊敬""邻里团结"的新人新事,居民区出现你追我赶,先进更先进,后进追先进的局面。下面汇报一下我们的做法和体会。

我们的做法是:

1.制订"七好"计划。我们制订规划是有一个认识过程的,根据以往居委会工作的实际情况,感到老是当"救火兵"不行,张三布置工作做张三的,李四又来交代任务,做李四的,总是处于被动应付局面。为了解决这个问题,我们组织街道干部和居民干部反复讨论。大家认为街道和居民区的工作千头万绪,上面千条线,下面一根针,但并不是没有规律,是可以找出有规律性的东西的。于是大家总结工作实践经验,开始七凑八凑,凑成"十好"。我们经过三年多的时间,经过三次大的修改逐步充实成为现在的"七好"内容。制订规划时大家还认为,必须实事求是,不能空喊口号。制订规划一定要从居委会实际工作出发,既要有高标准的要求,又要经过努力是可以实现的。因此,我们制订具体的"七好"规划时,既有原则要求,又有具体指标规定,使大家既看得见,摸得着,又可对照检查。这样使整个居民区,不论是街道干部,还是居民干部都有一个共同奋斗的目标。广大干部说:"有了'七好'这根衡量工作的杆子,我

---

① 　原文标题为《开展"七好"活动是加强居委会建设的有效方法》。

们干有方向,管有目标,布置检查工作有依据。"

2.宣传发动。"七好"规划制订好以后印发给外勤和六大主任,首先组织小组长以上干部学习讨论,明确要求。其次,由居委会把"七好"内容向广大居民群众宣传,要求广大群众共同去做,努力实现。最后,利用各种机会进行宣传,如今年开展"五讲四美"活动宣传时,不仅有机地结合宣传,并将有关内容纳入"七好"规划,把"七好"与"五讲四美"一致起来,使实现"七好"更加成为干部群众的自觉行动。

3.贯彻落实。我们党委对"七好"规划认识比较一致,认为只要把"七好"规划落实好了,街道工作基本上能达到要求,因此,不论制订年度工作计划还是平时工作,都是放在首要位置来抓,做到逢会必讲,按照各个时期的工作,分别提出不同要求,遇有中心工作,也要强调如何有机结合。但是,这"七好"内容,不是平铺直接地抓,而是一个时期强调一个重点,带动其他。如每年初,重点抓好生产、生活服务方面的工作,一年四季在于春,狠抓生产计划落实;在夏秋季节,我们突出抓爱国卫生;国庆以后,要抓来年的计划生育等,以抓重点来带动一般。要使"七好"规划真正落实,还要有一套切实可行的制度保证,我们建立每月一自查的制度,各居委会每一个月都要按"七好"内容,对自己工作的进展情况进行一次对照检查,明确哪些做到,哪些没有达到,提出下月的奋斗目标。同时,每季一互查。我们18个居民区,组成9对相互竞赛对象,由居民主任自找竞赛对手。每季末互相听取汇报,交流经验,提高奋斗目标。每半年总结交流一次。半年了,各居民区都要全面总结半年来的工作,总结成绩,找出差距,制订措施。并召开居民群众大会,由主任向大家汇报工作,听取群众意见。街道根据各居民区的总结,先召开三大主任会议,组织交流,找出先进居民区,再召开小组长以上干部和群众代表会议,进行经验交流、年终总评。根据区委、区政府的安排,按照"七好"要求进行评比。几个主要指标都达到或基本符合"七好"要求的,评为"七好"红旗居民区,符合"五好"以上的,评为先进集体,符合"一好""二好"的评为单项先进,以资鼓励。我们街道也建立了一些必要的监督检查制度。如每周星期六上午,行政办开一次碰头会,由外勤汇报一周来的工作情况和需解决的问题,同时安排下一周的工作。除此以外,街道还抓居民主任和其他主任来汇报,全面工作找主任来汇报,有关卫生、福利、调解等工作,分别找有关主任来汇报。这样既加强了自身建设,又具体指导了居民区工作,既检查了外勤工作,又督促了领导作风,既随时了解了情况,又可及时交流经验。这样一级抓一级,一环扣一环,环环扣紧,使规划真正落到实处。

　　我们的做法大体如此。从两年多来的实践看，我们深深感到，抓不抓"七好"大不一样，我们的体会是：

　　1.开展"七好"活动是加强居委会建设的一种行之有效的办法。这一点，我们是从实践中逐步认识到的。对于居委会工作要不要搞"七好"是有不同争论的。有的同志认为何必多此一举，有没有一个样，街道工作的主动权不在我们手里。有的同志认为，上级布置什么，我们做好什么已经不错了，何必自找麻烦。还有的同志认为，居民区都老的老，小的小，能搞出什么名堂来，安耽点算了，只要过得去就可以了。也有的同志说，街道人少，任务重，当传达员、通讯员都来不及，哪有工夫搞这些东西。但是，多数同志认为，头痛救头，脚痛救脚，被动应付总是不行的，街道工作确实很忙，你要干，白天黑夜干也干不完，你一两个月不干，天也塌不下来。革命应该有所作为，应该有个奋斗目标，街道工作不管千变万化，但万变不离其宗，任何事物都有一定的规律性，街道工作虽千头万绪，但还是有规律性的，只要抓住了规律，街道工作是能够搞好的。实践证明，有了"七好"规划，街道外勤和居委会有一个明确的奋斗目标和前进方向，干部普遍反映，过去居民区工作是一等、二听、三无数。工作等街道布置，听外勤指挥，自己心中无数。现在有了"七好"规划，街道不开会，外勤不下来，居民区工作，做得怎么样，心中便有数，每项工作都有要求和标准，随时可以对照检查，不足之处，研究措施跟上去。如城头巷居民区，去年 7 月份对照检查时，发现储蓄比较落后，是全街道倒数第六位，他们立即采取措施，发动群众，从原来每月 1045 元，增加到 9 月份的 2258 元，平均每户从 1.55 元提高到3.36 元，跃居全街道第一位。□余里年终储蓄先进没有评上，今年急起直追，超过了城头巷，达到第一位。义井巷居民区上半年小结检查时，发现计划生育怀孕妇女超计划 3 个，他们就去做思想工作，动员 3 个不按计划生育的妇女做了人流手术，做到了不超指标。青少年教育工作，五柳巷居民区感到不如丰禾巷居民区搞得好，今年干部齐心协力去做，最后被评为区、市青少年教育工作先进集体。民生路居民区，去年没有评上红旗单位，今年迎头赶上，工作做得很出色，可称"后起之秀"。大家深深感到，"七好"活动的开展，调动了大家的积极性，确实是加强居委会建设的一种行之有效的方法。

　　2.开展"七好"活动使居委会的工作得到全面的发展。从两年多来的实践看，各项工作年年都有一定程度的进展，抓住了"七好"活动的开展，居委会的组织建设和思想建设不断加强。我们把原来居委会的联合党支部，逐步改成单独支部，原来 18 个居民区有 7 个联合支部，现在有 10 个居民区成立了单独支部,有力地加强了居委会的政治思想工作。居委会的组织建设也不断得到加强,至今已有 13 个居委会进行了改选,充实了新干部 143 人(其中主任级有 53 人)。还有 5 个,目前已基本准备就绪,等召开大会公布。生产生活服务事业不断巩固发展。居民加工生产,1980 年 1—10 月加工收入(39.6 万元)比 1979 年(28.1 万元)同期增长 40.9%,集体积累增长 2.5 倍,1981 年又比 1980 年同期增长 8.4%,集体积累比去年同期增长 22.17%,生活服务事业,营业额 1980 年 1—10 月份(56.4 万元)比 1979 年同期(49.2 万元)增长 14.63%,利润比 1979 年同期增长 83.53%。1981 年又比 1980 年同期增长 18.21%,利润比去年同期增长 106.55%。爱国卫生、计划生育工作有了进一步的加强,1980 年 1—10 月份出生 310 人,出生率比 1979 年同期(375 人)下降 2.12‰,自然增长率比 1979 年同期下降 2.01‰,1981 年(240 人)又比 1980 年的出生率下降 1.74‰,自然增长率下降 4.3‰。勤俭节约、移风易俗的好传统得到发扬。储蓄额 1980 年 1—10 月份(174.443 万元)比 1979 年同期(153.203 万元)增长 13.86%,1981 年(296.22 万元)比 1980 年同期又增长 69.81%,团结互助社会治安有较大的好转,我们坚持发动和依靠群众,堵漏洞,除隐患,群防群治。今年 1—10 月份出动巡逻 6916 人次,"四防"宣传 208 人次,制止各种治安事件 514 起,消除不安隐患 418 起。民事纠纷逐渐减少,今年 1—9 月份,只有 119 起,比去年同期下降 57.8%。实践教育我们,只要真正地把"七好"活动搞好了,整个街道工作也就抓住了要领,街道工作就有了起色。

第三,开展"七好"活动是做好思想政治工作的一种很好形式。我们抓住了"七好"活动的开展,思想政治工作不断加强,新人新事不断涌现,1979 年评出红旗单位 2 个,先进集体 6 个,单项先进 24 个。1980 年评出红旗单位 3 个,先进集体 9 个,单项先进 11 个。今年上半年通过邻里推荐,街道批准有 165 个墙门被评为"五好墙门",有 6 户家庭被评为"和睦家庭",有 9 对婆媳被评为"好婆媳",有 10 人被评为"邻里团结""热心公益事业""助人为乐"的"好居民"。这些新人新事,我们专门召开大会,予以表彰,颁发了光荣证书。群众作词歌颂:"五讲四美遍地起,团结友爱气象新,新人新事唱不完,要为'七好'喜报传。"不仅如此,还把这些新人新事,利用黑板报形式进行宣传,我们街道 18 个居民区,45 块黑板报,今年已出 434 期,宣传"五讲四美",宣传新人新事新思想。如刊登一年轻妇女五年如一日服侍瘫痪的丈夫的事例,一青年女工为四化捐献 10 万元的爱国思想,刊登周总理生前和邓颖超同志勉励结婚夫妇"八互"(互敬、互信、互学、互助、互爱、互让、互勉、互谅)的文章,不少居民干部还亲自编写本居民区的新人新事。10月份我们街道召开黑板报评比展览会，并于会后把黑板报搬到各居民区巡回展出。通过展出，我们不仅收到了很好的宣传效果，同时也进行了很好的思想政治工作。由于大量宣传新人新事新风尚，共产主义道德风尚大大发扬，群众纠纷大为减少，整个地区下降57.5％。如丰禾巷居民区去年1—9月份，调解纠纷32起，今年要坐下来调解的纠纷只有3起，下降90.62％。事实证明，开展"七好"活动，看来是一项业务工作，其实也是一项很好的思想政治工作，这样做是真正地把思想工作渗透到业务工作中去。

　　总的来说，我们开展"七好"活动时间还很短，仅是初见成效。居民区与居民区之间发展还不平衡，宣传的广度深度还不够，街道抓得还不够有力，有些制度还不够完善，有待于进一步努力。

清泰街道办事处

1981 年 12 月 27 日

【由杭州市上城区档案馆提供】

1982

杭州市上城区关于加强居民委员会建设的调查①

根据区委的部署,为了贯彻党的十二大精神,开创街道居民工作的新局面,最近,我们到小营巷、清泰街道,召开干部座谈会,走访群众,对居委会建设等方面的问题进行了调查研究,并召开了各街道办事处分管主任会议,做了专题汇报,大家回顾历史,总结经验,提出了一些意见和建议。

一、取得的成绩

加强了居委会建设,出现了新面貌。

在调查座谈会时,街道居民干部说,近几年来,市区委和政府加强了对居民工作的领导,区委和区政府把街道居民工作摆上重要议程,经常讨论研究,总结部署,各街道和居委会做了大量工作,取得新的成绩。

(一)去年,居委会普遍进行了一次整顿改选,对治保、调解、卫生、福利和妇代会等工作委员会的干部进行了调整充实,对范围过大的居委会做了适当划小,增设了 11 个居委会,通过整顿改选,充实了新的力量,改善了干部状况。从目前全区 126 个居委会 1471 名委员以上干部状况分析,其中,有党员 266 人,占干部总人数的 18.08%。有退休工人 1039 人,占 70.66%;纯居民 432 人,占 29.37%。在 628 名正副主任中,有党员 200 人,占 31.8%;有退休工人 500 人,占 79.61%,纯居民 128 人,占 20.39%,目前,居委会的组织基本上是健全的,需做调整的 167 人,占 11.35%,缺职需要补选的 94 人,占 6.39%。其中主任缺 1 人,副主任缺 38 人。从 1471 名委员以上干部的工作表现来看,能积极出来工作的有 1167 人,占 79.33%;一般能出来工作的 244 人,占 16.58%;挂名不起作用和不出来工作的 66 人,占 4.1%。以上情况表明,目前居委会这支干部队伍是比较好的。

(二)今年,各街道有计划地对全区 126 个居委会干部进行了一次全面的

---

① 原文标题为《关于加强居民委员会建设的调查(调查研究材料之二)》。

业务培训，由区里负责统一编写材料，街道党委和办事处领导亲自讲课，上了政治思想工作和居委会的地位、作用、任务，以及治保、调解、卫生、民政福利、妇女工作等课。通过培训，广大干部明确了做好居民工作的重要意义，提高了思想业务水平，增强了搞好居民工作的信心。

（三）发动干部群众开展了创"五好"居民区的竞赛活动。市人民政府转发了我区《关于广泛深入开展创五好居民区、五好墙门竞赛活动的报告》，使领导和群众对开展"五好"活动的指导思想更加明确，工作做得更加扎实，活动搞得更有成效。涌现了一大批先进典型，出现了很多好人好事，遵纪守法、邻里团结、敬老爱幼、助人为乐的共产主义道德风尚得到发扬。实践证明，开展"五好"活动，是建设社会主义文明居民区、文明墙门的一种好形式，好办法。

（四）积累和总结了一批居民工作的好经验。区委和区政府于去年 11 月和今年 1 月，先后召开了两次街道和居民工作经验交流会。会上，有 13 位街道干部介绍交流了如何指导居委会工作的经验，有 16 位居委会干部介绍交流了做好各项居民工作的经验，表彰先进，推广典型。这对于推动居委会建设起到了积极的作用。

（五）增加了居委会干部生活补贴费。据清泰街道统计，享受生活补贴的居委会干部有 127 人，其中党支部书记 5 人，居委会主任 19 人，治保主任 19 人，卫生主任 19 人，调解主任 17 人，福利主任 14 人，妇女主任 18 人，离任干部 16 人。补助标准为：纯居民 24 人，每人每月 22.5 元至 24.5 元；退休工人 77 人，发给补足工资，如补足工资超过 20 元的，发 20 元；离任干部 16 人，每人每月补贴 15 元。10 月份，这个街道 19 个居委会，发放补助费 2068.62 元。补助费增加后，出来工作的主要干部多了，工作积极性提高了。

（六）街道党委和办事处进一步加强了对居委会的指导，定期研究讨论居委会工作，调整充实了外勤干部力量，在对加强居委会的组织建设、思想建设、业务培训、工作指导等方面都做了大量工作，取得了新的成绩。

各级领导的重视极大地激发了广大居委会干部的积极性，他们不计报酬，不计时间，任劳任怨、勤勤恳恳为党工作，为群众服务，在贯彻党和政府的方针政策，建设"五好"文明居民区、开展群众性治安保卫、爱国卫生、计划生育、拥军优属工作，举办生产加工生活服务事业和公共福利事业等方面，都取得了新的成就，出现了新的面貌。

二、需要研究的几个问题

在座谈汇报中,街道居民干部也提出了一些意见和建议,归纳起来有以下几点:

(一)关于居委会的工作任务问题。目前居委会担负的任务过重,大家反映有"五多"。一是头绪多,上面有20条线捅到了居民区,干部说:"上面工作分系统,我们下面是垃圾桶。"(附调查附件一)二是工作多,目前居委会有23项工作,任务繁杂,困难很多(附调查附件二)。三是证明多,有20多种,现在一个单位,一家商店都可以擅自规定,要居民群众到居委会打证明(附调查附件三)。四是统计报表多,几乎要求居委会做一件工作,就有一种统计报表,有的统计规划表有20多个项目。五是会议多,有时一天有几个会。由于指挥多、任务繁、负担重,居委会干部难以工作,退休工人怕出来工作,家庭子女埋怨父母做居民工作。在这次民主分房中,仅清泰街道就有6位居委会正副主任向办事处提出辞职,不愿出来工作。干部对此意见纷纷,反映强烈。

为此,要求市区领导下决心根据居委会组织条例五条任务的规定,对居委会的任务进行整顿,在此基础上,制定一个控制居委会工作的办法(意见),贯彻执行。今后,市区工作部门要向居委会贯彻的任务,都必须经市区人民政府同意,由办公室据情统一安排。任何单位不得直接向居委会派任务、提要求,否则居委会有权拒绝办理。街道党委和街道办事处具体负责控制和统一安排居委会的工作,减轻干部负担,经批准同意安排的工作,有关单位应派干部下去具体指导办理。今后,任何单位都不得向居委会布置统计报表,要统计数字由街道和各职能部门自行负责。

(二)关于居委会的经费问题。从调查反映的情况来看,居委会有下列几项经费开支:(1)居委会干部生活补助费,每个居委会以补助6至7人计算,每月需要140元左右,市拨75元,尚差65元,全区126个居委会,全年要差98280元。(2)居委会公杂费和校外青少年教育费,每个居委会实际每月要开支30元,而市拨款只有5元,尚差25元,全区全年要差37800元。(3)居委会干部巡逻夜餐费,每天3人,每人以3角计算,每月要27元,全区全年要40824元。(4)居委会年终各项工作评比奖励费,每个居委会每年以400元计算,全区需50400元。(5)居民区搞"三化""一通""一洁"经费,根据街道反映,一个居民区搞一次,少的要花两三千元,一般在5000元左右,多的要上万元。

居委会上列1—4项经费开支,全区全年共需227304元。这次经费开支,除市里给予居民干部一定的补助以外，其余均无固定来源，而各街道支付的办法、标准也各不相同，要求有个比较固定而又比较统一的原则，如何解决为宜，请区委、区政府研究决定。

（三）关于居委会的办公用房问题。经调查，全区 126 个居委会，已有办公室的 70 个，至今还没有办公室用房的 56 个。上面有工作，居民有事情，都直接找上干部家的门，干部的家里成了接待室、工作室。这样不仅使开展居民区工作受到影响，而且给干部家庭生活上造成不便，引起矛盾。为此建议：（1）房管部门在分配居民住房时，有计划地安排和调剂一点；（2）被拿去搞生产、生活用房的居民区办公室尽可能归还一点。（3）新建的住宅区，应包括居委会工作用房的配套；（4）有空地搭一点，房管部门对居委会的办公用房应免收房租，负责维修，有条件的要设法分批安装电话。

（四）关于居委会的组织结构问题。目前，居委会委员长以上干部来源主要有两个方面：一是退休工人，占 70.63％；二是纯居民（即家庭妇女），占 29.36％。她们的年龄和体力，都不能适应繁重的工作。同时，现在居委会担负的工作，很多都是政府行政性的工作，它的工作好坏，不仅关系到城区很多地区性的工作能否落实，而且对整个城市工作也有很大的影响。因此，居民干部的年龄应该有个大体范围，同时要注意经常地调整充实。居民区今后干部配备统一由街道党委全面考虑安排，各业务系统不得各行其是。当前，居民区除居委会外，还有党支部和退休工人分会，实际是三个组织，为了发挥党支部的战斗堡垒作用和党员的模范带头作用，发挥退休工人的骨干作用，把党支部书记和退休工人分会正副主任统一到居委会领导，发挥各自的作用。

同时，机关、学校和较大的企业等单位，应当派代表参加所在居委会的会议，遵守居委会的决议和公约，大的机关、企事业单位宿舍单独成立家属委员会和小组，服从居民区统一领导，负责搞好一切工作。

（五）街道几路力量的协作问题。现在街道有办事处、派出所、消毒站、房管站等四方面的力量，一个工作对象，如清泰街道统计，办事处有外勤干部 10 人，派出所有户籍民警 10 人，消毒站有消毒员 13 人，房管站有房管员 10 人，共计有 43 人。多年来的实践证明，各方面协助配合得好，工作就搞得好，否则，互相扯皮，争干部，争时间，闹矛盾，工作就会受影响。各部门按照分工切实负责本职能的工作，除向上级业务部门汇报外必须向街道党委汇报，今后凡是要直接布置给居民区的工作和牵涉居民区的群众性总活动，必须由街道党委统筹安排，街道党委可以定期不定期召集有关部门会议布置工作。

（六）关于街道外勤干部力量的问题。据调查，小营巷街道现有工作人员56人，其中行政编制18人，事业编制1人，集体编制13人，退休工人17人，向企业借用的4人，临时工3人。辖区有14个居民区，由10名干部分管，其中，4位办事处副主任，1位司法助理员，1位人武干部又各兼管一个居民区，4位外勤干部每人分管2个居民区。清泰街现有工作人员42人，其中行政编制17人，事业编制1人，集体编制16人，退休工人8人。辖区有19个居民区，10个外勤人员。其中，行政干部5人（有1人长病假），实际4人，每人管3个居民区；集体干部2人，每人管2个居民区；事业干部1人，兼管1个居民区；退休工人2人，每人管1个居民区。清波街道现有工作人员54人，其中行政编制20人，集体编制23人，退休工人11人。辖区有24个居委会，10个外勤人员。其中行政干部6人，集体干部3人，退休工人1人，管4个居民区的1人，管3个居民区的6人，管2个居民区的1人，兼管一个居民区的1人（司法助理员）。从街道总的工作人员人数比例来看，外勤人员是少的、弱的，应该调整充实，做到2个居民区配备1名行政编制干部，退休工人原则上不担任外勤工作。

调查附件一：上面千头万绪　下面千家万户

据湖滨街道不完全统计，上面有20条线捅到居民区，干部反映说："上面千头万绪捅下来，下面千家万户找上门，难以招架。"这20条线包括：

1.公安系统；2.司法部门；3.民政部门；4.劳动部门；5.爱卫会；6.计划生育办公室；7.妇联；8.商业系统；9.组织部门；10.宣传部门；11.教育部门；12.法院；13.人武部；14.工商行政管理部门；15.房管部门；16.粮食部门；17.人民银行；18.城建市政部门；19.住宅统建部门；20.税务部门。

调查附件二：居委会任务繁杂　干部负担过重

据清泰街道办事处干部统计，目前居委会有23项工作，包括：

1.各项宣传，如方针、政策、法制、时事等宣传；2.反映居民群众意见和要求；3.治安保卫，如"三查""四防"、巡逻、协助破案等；4.民事纠纷调解；5.爱国卫生；6.计划生育；7.妇女工作；8.征兵动员；9.民政优抚，如拥军优属、社会救济、推行火葬、"四定"服务等；10.举办生产加工、生活服务等福利事业；11.介绍安置待业青年就业;12.储蓄贴花;13.协助收缴私人房地产税;14.市场管理,摊贩调查;15.植树绿化;16.民主分房;17.人口普查、户口核对;18.退休工人管理;19.青少年教育,失足青年帮教;20.接待外调;21.各种调查统计;22.发放票证;23.开具各种证明。

调查附件三:要居委会开的各项证明多

据小营巷街道办事处干部反映,要求居委会开的证明多,主要有:

1.居民调换全国粮票证明;2.居民调换棉花票证明;3.知青下乡时间证明;4.待业青年证明;5.闲散劳动力证明;6.居民外出住旅馆身份证明;7.职工探亲延长假期证明;8.居民骑自行车违章被扣证明;9.无证摊贩货物被扣证明;10.抚养关系证明;11.申请要房证明;12.居民申请减免房产税证明;13.居民申请免费火葬证明;14.在职人员要求调杭情况证明;15.购买紧俏商品证明;16.产妇购买营养食品蔬菜证明;17.居民申请摊贩登记证明;18.申请人民助学金证明;19.邮件汇款收件人姓名不符证明;20.居民家具运往外地证明;21.购买私房维修木材证明;22.冲木料证明;23.弃婴证明。

【由杭州市上城区档案馆提供】

杭州市上城区小营巷街道人口普查工作要求①

1. 每个居民委员会（普查区）建立人口普查小组，普查小组要"三落实"（组织落实、思想落实、工作落实），认真学习，提高认识，明确意义、目的、要求和工作的内容方法，分工负责，每个居民小组建立普查登记站，配备 1 名普查员和 3 名居民干部（积极分子），名单于本月 7 日前报街道办公室，须发人口普查工作证。

2. 广泛深入地开展宣传发动工作，做到家喻户晓，人人明白。方法是以登记站为范围，召开群众会宣讲，采取墙门会或上门补课等形式，广泛宣传发动，同时要确定好登记站的场所，搞好环境布置，张贴普查须知和标语口号，有条件的插上两面红旗。登记站门口要贴公告、挂黑板报，做到既文明整洁又有政治气氛。

3. 弄清"五种人"，造好普查登记底册。五种人是：（1）常住本县、市，并已在本县、市登记了常住户口的人；（2）已在本县、市常住一年以上，常住户口在外地的人；（3）在本县、市居住不满一年，但已离开常住户口登记地一年以上的人；（4）普查时住在本县、市，常住户口待定的人；（5）原住本县、市，普查时在国外工作或学习，暂无常住户口的人。特别是（2）、（3）、（4）、（5）项，以及有户无人，有人无户，全户外出，1981 年出生、死亡的人，都要反复了解，调查核实，做到心中有数，正确无误。对有些准备外出的人，要事先告诉办好委托登记手续。

4. 每个登记站都要准备一张桌子、若干凳子，并备有热水瓶和茶杯。3 名干部要有分工，1 名陪同普查员搞好登记；2 名按预约通知的时间要求往返联系催办，做到各司其职。

5. 开好普查员、普查指导员和居民干部、积极分子见面会。时间是 7 日上午，地点在街道俱乐部，要按照分工，熟悉情况，了解普查区域范围、地形、地貌。

---

① 原文标题为《居民委员会（普查区）在人口普查时应做好的几项准备工作》。

　　6.按普查站,由普查员和居民干部一起,按户上门,发预约通知单,做到边工作,边宣传,边了解和熟悉情况。并告诉户主,到登记站来登记时,要按普查须知的要求做好准备,带户口簿、户主图章和人口普查预约通知单。

　　7.切实完满地搞好人口普查登记。4月11日零时起(试点标准时间)至4月14日止的人口普查登记,居民委员会的全体干部(包括积极分子)要全力以赴。

　　人口普查登记要求很高,内容很多,任务繁重,意义重大,是关系到国家建设,关系到人民生活,关系到每一家、每一个人的一件大事。让我们立即行动起来,扎扎实实地、完满地搞好这次人口普查试点工作,为今年7月1日零时开始的全国人口普查工作打下可靠的基础,创造更多有利条件而努力!

上城区小营巷街道人口普查办公室

1982年4月5日

【由杭州市上城区档案馆提供】

上海市居委会工作范围

（一）宣传党的方针、政策，教育居民遵纪守法，动员居民响应政府号召，为全面开创社会主义现代化建设的新局面服务。

1. 组织居民学习党的方针、政策和政府法令，学习时事政治。

2. 对居民进行"五讲""四美"的新道德、新风尚的宣传教育。

3. 开展居民"创六好"活动，即家庭和睦好，教育子女好，计划生育好，勤俭节约好，爱国卫生好等。

4. 贯彻执行党和政府的中心工作，以办黑板报、组织文艺活动等多种形式进行宣传。

5. 密切联系居民群众，经常听取居民群众的意见要求，及时向政府汇报反映。

（二）协助政府做好群众性的治安工作。

6. 开展防火、防盗、防奸、防特的"四防"活动。

7. 宣传法制，贯彻法治，监督改造犯罪分子。

8. 做好对违法青少年的帮教工作。

9. 组织人员进行地段安全值勤，夜间巡逻。

10. 节假日和有外事活动时，加强安全值班，协助维持秩序。

11. 配合公安部门提供情况，协助破案，收缴凶器，及时到犯罪分子住宅搜查，申报临时户口。

12. 发动居民群众防台、防汛。

13. 协助进行人口普查。

14. 协助查对临时户口去留情况。

15. 协助政府在处理赌博等不良现象时提供情况，协同进行教育。

16. 发现可疑敌情和违法犯罪活动情况及时向政府公安部门反映。

17. 处理马路溜冰、违反交通、损坏门窗等行为。

（三）配合政府组织待业青年就业。

18. 对待业青年进行政治教育、文化补习、技艺培训。

19. 广开生产门路，动员组织待业青年，兴办合作社、个体劳动或家庭副业。

20.处理招工政审、联系考学、招工报名等事项。

21.协助对社会闲散劳动力的管理、调配。

(四)配合有关部门宣传计划生育,搞好妇幼工作。

22.制定生育卡片。

23.帮助已婚育龄夫妇落实避孕措施,经常检查避孕效果。

24.卫生站负责发放避孕药物。

25.对已婚育龄妇女定期家访。

26.对违反计划生育规定的、协助有关部门做耐心细致的思想工作,并相应采取切实有效的措施。

27.协助街道医院做好预防接种、妇幼保健工作,协助产科医院做好产妇家庭护理、咨询工作,为儿童定期检查身体,打预防针。开展优生、优育咨询工作。

28.发放独生子女证。

29.配合有关部门对不愿领取独生子女证的夫妇进行教育,确保计划生育指标落实。

30.关心分居两地夫妇回沪探亲的同志,做好计划生育宣传工作。

31.帮助人工流产后的双职工户的女职工料理家务。帮助家长加强学龄前儿童教育,为散居儿童活动定期上课辅导。

32.配合有关单位努力办好幼托工作,办临时托儿所。

33.帮助双职工上学儿童解决吃饭难的问题。

34.配合学校开展学生寒暑假活动。

(五)搞好爱国卫生工作。

35.宣传、发动居民搞好环境卫生和饮食卫生,消灭蚊蝇、老鼠、蟑螂、臭虫,控制蚊蝇孳生地。

36.组织专人打扫地段环境卫生。

37.加强土井管理。

38.动员居民不养家禽,不准养狗。

39.结合卫生突击,协助有关部门疏通阴沟,排除脏水、脏物。

40.及时检查和加强对垃圾箱、倒粪站、饲料缸的管理,向有关部门反映有关卫生问题。

41.宣传发动居民,检查督促居民搞好家庭卫生。组织经常和突击卫生大扫除。

42.协助街道医院做好防疫免疫工作,发现传染病源及时配合卫生部门采取有效措施。

43.搞好卫生联防。组织对红十字会分站、卫生站的管理。

44.帮助孤老病人及无人照顾的急患难夫妻者解决及时就医的困难。

(六)在司法部门的指导下,调解民事纠纷。

45.调解邻里、家庭、房屋、居民与单位等纠纷。

46.防止由纠纷引起的矛盾激化,及时采取安全措施。

(七)开展民政工作。

47.组织居民开展拥军优属活动。协助有关部门解决烈军属买煤、粮、菜,修房等问题,为在部队的军人写慰问信。陪送孤老烈军属看病,进行节日慰问。

48.配合征兵,动员适龄青年积极服役。

49.关心困难户生活,做好社会救济工作。

50.组织里弄精神病管理小组对精神病患者或呆、痴、傻人员进行管理,或组织他们进街道工疗站。

51.组织包护小组,关心、照料孤老生活,办理孤老殡葬后事。

52.协助有关部门做侨眷和统战工作。

53.协助人民银行、人民保险公司进行储蓄、保险宣传工作,动员居民积极参加储蓄、保险。

(八)做好退休职工工作。

54.关心退休工人的生活,组织他们学习,体育锻炼,向有关部门推荐参加交通、市场物价管理等各项活动。

55.举办"老年之家"。

56.关心生病退休工人,帮助料理退休工人殡葬后事。

(九)出具各种证明。

57.接待外调、来访,处理群众来信。

58.出具订购牛奶、换全国粮票、买紧缺物质、领取邮局汇款、向外地托运私人家具、职工回沪探亲延长假期、闲散人员结婚、改造中罪犯回家探亲期间评语等多达几十项证明。

(十)完成政府和各级业务部门交办的事项及其他工作。

59.协助政府对倒流回沪支边青年进行教育,动员工作。

60.协助工商、税务部门管理小商小贩,取缔无证摊贩,参加物价检查。

61.协助城建等有关部门,向居民宣传政策,拆除违章建筑。

62.改建棚户时,协助做好居民动迁工作。

63.发动居民翻修街道、里弄小道、填平洼地,改善市容。

64.与市政、房管局、自来水公司等单位联系,帮助居民改善用水卫生,接自来水进屋,分装小水表,修理房屋、路灯等。

65.搞好公用给水站的管理。

66.搞好公用电话传呼站的管理。

67.及时向有关部门反映"三废"污染情况,并协助做好工作。

68.做好倒流返沪人员还乡工作。

69.协助粮站和煤球店发放票证、供应卡及照顾粮票。

70.协助菜场和财贸部门发放年货,推销商品,节日时维护菜场秩序。

71.协助邮电部门发放报刊,递送疑难信件、邮包。

72.协助房管部门做好分房、修房调查工作,催缴欠租,组织爱房小组,发房票簿。

73.协助园林部门搞好绿化工作。

74.协助小学和幼儿园写、张贴招生简章。

75.动员、发动居民献血。

76.协助有关部门处理一些历史遗留问题。

77.协助有关部门、大学生等搞社会调查。

1982 年 9 月 19 日

杭州市上城区涌金街道关于退休工人是居民区工作的一支重要力量的报告[①]

今年 4 月初，我们涌金街道党委在区委、区政府的领导和关怀下，学习了兄弟街道的经验，动员组织辖区内的广大退休工人参加居民区的公益活动。现在参加这项活动的退休工人有 1757 人，占全街道退休工人（3704 人）的 47.44％。他们是居民区工作的一支骨干力量，在维护治安、爱国卫生、教育青少年、办好生产生活服务业等工作中，发挥了重要作用。在 21 个居民区，159 名居民委员以上的干部中，退休工人有 127 人，占 79.87％。他们任劳任怨，不计报酬，天天奔忙在墙门里弄，为促进社会安定团结、建设精神文明做出了自己的贡献。在他们中间涌现出了许多先进人物和事迹，广大群众称赞这支退休工人队伍，是维护社会秩序的治保员、调解纠纷的调解员、搞好街巷卫生的监督员、为人民办好事的服务员。

我们是怎样把退休工人动员组织起来，加强居民区工作的呢？

一、调查分析退休工人情况，统一干部思想认识。4 月初，市委、区委向我们提出了要巩固文明礼貌月活动成果的任务。特别是在治安工作方面，去年我们对联防纠察人员实行分段包干责任制以后，得到了区委、区政府和区人大常委会领导的重视和支持，要求我们在巩固地区联防的同时，考虑如何加强居民区的治安防范工作。市安司局的领导同志也多次来派出所督促检查，向我们提出了"大家学涌金，涌金怎么办"的问题。在街道党委讨论如何落实市、区领导的指示时，有的同志提出了要把全地区 3000 多名退休工人动员组织起来，参加维护治安等公益活动的意见。大家认为这个意见很好，但是也有畏难情绪，一是认为退休工人数量不少，在家不多，身体较好的大多数出去工作了，留下的家务牵联大，或者年老体弱，动员出来也派不了大用场；二是认为现在通行向"钱"看，没有津贴难动员。针对这些思想，我们学习了省、市劳动局，总工会的有关文件，学习了市委办公室 3 月 2 日转发的上海经验，联系实际开展

[①] 原文标题为《退休工人是居民区工作的一支重要力量》。

了讨论,认识到当前的退休工人大多是解放前和解放初参加工作的老工人和教职员工,他们知旧爱新,热爱社会主义,其中不少人原来还是工作和生产的骨干。退休工人中的确有少数人向"钱"看,但这并不是主流,大多数退休工人只要我们做好思想动员工作,还是愿意出来的。去年我们在调整、充实居民委员会时,动员了一批退休工人担任居民干部,这些同志大多数表现很好,这是最有说服力的例证。与此同时,我们还组织人员去长庆街道学习经验。通过学习、讨论,克服了畏难情绪,统一了思想认识,坚定了做好这一工作的信心和决心。

二、层层进行思想发动,细致地做好动员工作。我们首先召开了退休工人中的党员、居民区主要干部大会,回顾总结文明礼貌月活动的成果,提出了发动组织广大退休工人积极参加精神文明建设、搞好群众性的治安维护等各项活动的号召,希望退休工人中的党员带头报名。紧接着,我们以街道外勤和派出所民警管区为单位,分头召开全体退休工人大会,进行宣传教育。大会结束后,立即分组讨论,根据自愿原则,报名参加。此外,街道外勤和户籍民警还与居民区干部一起逐户上门做深入细致的思想动员工作。开始时,有的退休工人感到居民区事情多,工作杂,担任了居民干部就"休息不安耽","探亲离不开",认为退休以后,"管管孩子、搞搞家务、享享清福,理所当然"。个别的还认为退休工资是单位发的,居民区的事与己无关。为此我们一方面表扬了一大批在居民区工作中任劳任怨,积极为群众服务的退休工人,号召向他们学习。另一方面,结合街道实际,把当前社会治安卫生等没有根本好转的情况,实事求是地告诉大家,讲清楚如果社会不安定,越想安逸,就越不安逸。有的退休工人说得好:"三个儿子,不及一个印子。"这个印子体现着社会主义的优越性,有了社会主义,才能有退休工人的今天。许多退休工人表示:"我们应该为巩固社会主义制度出力,决不能身在福中不知福。"对于怕负担过重的思想,我们强调了力所能及,实事求是,清除那些不必要的顾虑。通过一系列的宣传动员,广大退休工人的思想觉悟提高了,不少退休工人踊跃报名,积极参加公益活动。人民路居民区退休工人宋美英同志,老伴有严重肺病,还有 90 岁高龄的婆婆卧床不起,小儿子又患有精神病,家务这样重,也积极报名。有的不仅自己参加,还动员左邻右舍的退休工人也来报名参加。如涌金新村居民区胡宝琴、黄振等同志。一周左右时间就动员了 150 个退休工人报名。

三、因地制宜,适当合理安排,做到各尽所能。退休工人的情况很不一致,有的身体比较好,有的年老体弱;有的牵连大、家务重,有的家务少、负担轻。

居民区情况也很不相同,有的高层住房多,有的小街小巷多,有的情况比较复杂,有的工作基础较差,等等。我们在安排任务时注意了因人、因地制宜,做到适当合理,务使力所能及。如在安排治安执勤时,家务牵连少的执勤时间安排多一点,牵连多的安排少一点。考虑到大多数退休工人要买菜做饭,因此我们一般安排在上午 8 点至 10 点,下午 2 点至 4 点半组织他们巡防,晚上由居民区的治保干部执勤,根据每人的身体情况,我们采用了以居民区小组为单位的坐岗、流动岗和检查岗三种形式,对于体弱的老工人,我们就安排他们坐在家附近的街巷口或楼层门口,照顾一个楼层、一条街巷的治安情况,允许他们兼做家务、带领孩子,他们熟悉情况,容易发现问题。对于身体较好的,我们就安排他们巡逻执勤,一般 2 至 3 人一组,在本居民区小组范围内流动巡逻。现在我们街道共有参加执勤的退休工人近 1800 人,一般情况是每周 1 次、半月 1 次,亦有 1 月 1 次的,每次 2 个小时,这样退休工人感到负担不重,乐意承担。

四、总结表彰先进。动员组织退休工人参加公益活动虽取得了一定成绩,但也存在着一些问题,主要是发展不平衡,有的居民区参加的人数多,有的较少,有的组织工作做得较好,有的做得较差。我们在领导上,也时紧时松,工作任务一忙,往往放松检查督促。上半年对这项工作进行了总结评比,评出了积极分子 203 人,召开了表彰大会,发给了一些物质奖励,对于没有评上的也普遍发了表扬慰问信,以资鼓励。在这个会上,我们还正式宣布成立街道的退休工人委员会。会后有的居民区还召开了退休工人座谈会,我们听取了他们的意见,及时研究改进工作,鼓励他们积极参加精神文明建设。但是,要把这一工作真正巩固下来,坚持下去,还有大量的工作要做。我们决心再接再厉,积极努力,把组织退休工人参加公益活动,搞得更扎实,更持久。

涌金街道党委

【选自《上城简报》第 39 期 1982 年 10 月 18 日由杭州市上城区档案馆提供】

发展基层社会生活的群众自治

党的十二大报告指出,社会主义民主要扩展到政治生活、经济生活、文化生活和社会生活的各个方面,要发展基层社会生活的群众自治。

基层社会生活的群众自治是指由居民直接选举出非政权性质的群众性自治组织,对一定的居民地区的基层社会生活实行组织、管理、宣传和协商等自治事宜。这些活动的具体内容包括组织社会公共福利事业,进行群众性治安保卫工作,调解居民之间的民事纠纷,宣传计划生育、妇幼卫生、环境保护,等等。《中华人民共和国宪法修正案(草案)》第一百一十三条规定:城市和农村按居民居住地区设居民委员会或者村民委员会,作为基层群众性自治组织,办理本居住地区的公共事务和公益事业,调解民间纠纷,协助维护社会治安,并且向人民政府反映群众的意见和要求,提出建议和进行监督。这些组织的负责人员由居民直接选举和罢免。

基层社会生活的群众自治是城乡居民群众自己组织起来,实行自己管理自己的一种活动。这种活动的指导原则是民主自愿、群策群力、团结互助、增进福利,为反映人民群众的意见和要求,为贯彻党的方针政策和国家的法律制度服务。

基层群众性自治组织不属于政权组织机构,它的活动不具有国家机关的性质,不能代表国家。它的活动在党的政策和国家法律所允许的范围内进行。它的决定和工作内容对居民不具有强制性。它的工作方法只能是说服、教育、宣传,通过协商解决。它在工作中要贯彻民主原则和自愿原则。

总之,基层社会生活的群众自治,是发展社会主义民主、发动群众自己管理自己的重要形式,是加强我国基层政权同人民群众的联系,广泛吸引群众参加社会生活的民主管理的重要制度。

【选自《人民日报》1982 年 11 月 8 日】

1983

张秀夫同志关于加强居民委员会和村民委员会建设问题调查的汇报提纲①

根据彭真同志的指示,我们对加强居民委员会和村民委员会的建设问题做了一些调查。市公安局组织了几位同志,分别在下城区的长庆街道和萧山县的城东公社做了调查;陈侠同志在临安县找三口公社的干部讨论了这个问题;我又找有关同志座谈了四次。

调查中,我们首先和大家一起学习新宪法第一百一十一条,围绕着如何执行的问题进行讨论。大家认为新宪法的规定很明确,也很适时。

一、我们公安机关的同志普遍认为,加强居民委员会和村民委员会的建设,是实现社会治安根本好转的重要措施

在城市,现在的一般规律是,居民委员会强,社会治安就好;居民委员会弱,社会治安就差;少数治安问题多的地方,几乎都存在着居民委员会工作不力、治保委员会涣散的问题。去年12月份我在望江街道5个居民区调查的情况就是如此。杭州市共有447个居民区,1982年属于安全或基本安全的(即无刑事案件、无大的治安事件,或者发生了一两起小的刑事案件当即破获的)有287个,占64%。总结他们的经验,共同的一条是居民委员会的工作抓得好,治保组织得力。像这次调查的长庆街道新桥居民区,1981年发生了4起刑事案件,治安事件也不少。1982年,居民委员会中的6名党员骨干参加治安工作,治保会从7人增加到18人,退休工人监督岗从42人增加到129人,组织了100名邻居对186户双职工进行照看;同时,组织了7个帮教小组,对12名有违法行为的青少年进行帮教,使10人变好。因此,去年一年这个居民区没有发生案件,成了安全居民区。现在大量的治安工作靠居民委员会来做,全市82694名退休职工,有36167名出来参加维护治安的公益活动,这是靠居委会配合派出所一个个动员出来的;全市4200多名违法青少年,多数要靠居

① 原文标题为《关于加强居民委员会和村民委员会建设问题的调查》。

民区帮教。所以我们感到要争取社会治安的根本好转,必须大力加强居民委员会的建设,这是基础工作。

至于村民委员会的建设,那就更迫切了。实行联产承包责任制以后,农村的生产大队和生产队的职能发生了变化,亟待建立乡政府和村民委员会。萧山县城东公社12个大队,以自然村为单位成立了文明村领导小组,组长叫"村队长",由"户长"民主选举产生,并开展"五无"活动(无重大偷窃,无打架闹事,无超生子女,无赌博活动,无虐待老人),管得很好。有一个外出收购鸡毛的社员,偷了人家的鸡毛被打了,回村后被发现,说他败坏文明村的名誉,违犯了村规,罚款10元。

二、居民委员会和村民委员会的规模要适当

杭州市区有人口882500人、235300户,分为447个居民区,平均每个居民区526户。多数是500至600户,过大的(千户以上的15个,最大的是西湖区西溪街道文三街居民区1988户)和过小的(西湖区灵隐街道上天竺居民区101户,是全市最小的居民区)是少数。大家认为,居民区的规模以500至600户为好,太小了挑选配备干部和兴办福利事业有困难,太大了则管不过来,不利于工作的开展。

村民委员会的规模,少数同志主张一般以现有大队为单位,多数同志认为这样不妥,原则上以自然村为好。萧山县城东公社涝湖大队的支部书记深有体会地说:"我们大队共有280多户,有三个自然村,仅我自己住的村里就有181户,别村发生事情往往不能及时知道,去处理也很难。我当了十来年的支部书记,别的村的社员好多不认识我,我也叫不出他的名字。情况不了解,就难于管理。管的户数少一点,地方又集中,前后左右天天见面,人头熟悉,底子明白,发生事情当即知道,处理起来也快些。"通过调查,我们认为原则上以自然村为单位建立村民委员会的意见好。

与居民委员会管理范围有关的一个问题是设在居民区的省属、市属、区属工厂企业的管理问题。《城市居民委员会组织条例》规定,这些单位"应当派代表参加居民委员会召集的与他们有关的会议,并且遵守居民委员会有关居民公共利益的决议和公约"。长期以来,这一规定没有执行。居民委员会与这些单位联系事情很难办,说"要过三关":一是传达室阻拦,二是领导避而不见,三是解决问题困难。这个问题,不仅居民区难办,派出所也难办。工厂企业分省属、市属、区属,归经济文化保卫部门管,自成一个系统。杭州市的市属单

位有 647 个,共有职工 42 万名,归市局经济文化保卫处管,而这个处只有 49 人。结果是市局管不了,派出所进不去。我们的意见是要尽快改革,我们想先走一步,一切工厂企业,不论是省属还是市属、区属,在治安管理上一律归当地派出所,并与居民委员会相配合。

另一个与居民委员会管理范围有关的问题是,对在职职工,居民委员会要不要管? 这个问题过去不明确,多数居民委员会是既管又不管,管小不管大,管发放粮票,管登记临时户口,管调解打架纠纷。而对他们的帮助教育则多数不管,少数管而不服。看起来还是要叫居民委员会管,光靠其所在单位是管不了的,必然会出现"八小时内有人管,八小时之外无人管"的现象。

三、在经济上要给居民委员会和村民委员会自主权

宪法明确规定,居民委员会和村民委员会是群众自治组织,这很必要。实践证明,自治才能解决新问题。城东公社这几年发展快,群众富起来了,去年个人盖新房 629 间,其中三层楼就有 5 幢,社员的存款有 43 万元,群众普遍关心个人财产的安全。有的苗木专业户,地里的苗木价值上万元,怕被偷,晚上男女老少去守护,有的队决定组织季节性巡逻,各户 18 至 45 岁的男劳力轮流参加,不计报酬。实践又证明,自治才能更好地发挥群众的积极性。城东公社于家自然村,自去年 10 月份建立村队以来,修铺村内主要道路 400 米,搬迁粪坑 3 处,挖阴沟 30 米,粉刷了旧标语,建立了青年之家,靠的是群众自治。社员俞妙复说:"我除了投工①外,还要负担 20 元钱,若不是民主讨论过的,不要说 20 元,就是 2 元也不拿。"

居民委员会不是一级行政组织,这一点多数同志是知道的。但是,由于"左"的思想影响,出现了上面统管的过多,居民委员会自治权减少的现象。居民干部反映最强烈的是经济上没有自主权。这些年,居民委员会逐步创办了一些小型生产服务事业,有了一些经济收入。长庆街道 24 个居民区中,19 个有生产服务事业,除纳税,并向街道上缴 2% 的管理费之外,共积累资金 67 万元。其中最多的是新桥居民区,办了 3 家小工厂,年产值 32 万元,纯利润达 15 万元,现共有资金 21 万元。居民委员会办点生产服务事业好处多:一是安排就业,像新桥居民区,没有一个吃闲饭的,待业青年都在居民区的小工厂里过

---

① 投工:投入劳动力。当地集体兴办项目,国家或集体投资(筹资),作为受益者的群众参与一定天数的施工劳动,也叫投劳施工。一般为无偿劳动。——编者注

渡,直到正式分配工作。二是利用这些收入为居民区兴办福利事业。长庆街道仅青少年活动室就有 15 家之多。这个街道的窑瓶居民区有 135000 元资金,不仅有青少年活动室,还办起了幼儿园、托儿所、退休工人茶室、双职工方便灶、医疗站等。新桥居民区去年为实现"三化"(墙壁白化、地面硬化、环境绿化)和开展青少年活动、治安防范、文化宣传等,共开支 14500 多元。三是为居民委员会提供了活动经费,有利于工作的开展。四是为干部增加了收入,有利于进一步调动他们的工作积极性。五是增加了少量维护社会治安的必要装备和设施,如有的买了电喇叭,有的建了自行车存放处。居民干部和居民们有意见的是三条:

第一,居民委员会的钱,名义上是居民区的,实际上由街道劳动服务公司统一保管,不经他们同意,1 元也不能用,居委会没有支配权。有的居委会钱很多,但不准用,解决不了实际问题。长庆街道 24 个居委会中有 14 个没有活动室,常年"露天办公",夜里巡逻还要敲梆子,要买只电喇叭都不批。

第二,居民区办的工厂企业保不住,往往被收上去,利润越多收得越快,居委会常常落得人财两空。长庆街道吴牙居民区,1978 年因陋就简地办了两家代销店,起初只能用塑料布遮雨,以后有了利润才盖了房子,不久被街道收上去了,连待业青年也不给安排,使这个居民区成为最穷的单位之一。

第三,街道要克扣市里给的补助费。市里每月给居民区补助 80 元钱,规定其中 75 元补助居民干部,5 元作为办公费,街道却只给 2 元办公费。

我们认为这三个问题应该尽快解决,给居委会自主权,明确规定居委会可以创办生产服务事业,谁办谁有,不准上收;其所得利润,除上缴少量管理费和依法纳税外,其余部分谁有谁用,自立户头,别人无权干涉;市里拨给居民区的补助费任何人不准克扣。

四、要坚决制止各方面都向居民委员会压任务的现象

居民委员会要管妇女工作、卫生工作、福利工作,千头万绪,真是"上管老婆孩子,下管苍蝇蚊子"。现在又出现各方面向居民委员会压任务的现象。房管部门叫代收房租,税务部门叫代收私房地产税,银行叫代办储蓄,粮站叫代发粮票,卫生部门叫打狗杀鸡,连小菜场也找居委会帮助推销大白菜。有的居民干部说:"我们成了垃圾筒。"许多居民干部反映事情太多,难以应付,要求党委和政府为他们把关,未经政府批准,任何部门不得向居民委员会布置任务。

居民委员会的工作一定要抓住重点。多数同志认为重点是抓精神文明

建设。有的同志认为应该以开展"五好家庭"和"五好墙门"（认真学习，生产工作好；尊老爱幼，家庭和睦好；移风易俗，婚姻处理好；计划生育，教育子女好；邻里团结，清洁卫生好）活动为重点，因为家庭是社会的细胞，家庭好，可以一好带多好。

大家认为，居民委员会创办点生产服务事业是必要的。但是，一要明确目的，是为开展居民委员会工作服务，为建设精神文明服务，不是为了赚钱；二要适当，不办不行，办多了也不行；三要摆正位置，经营生产服务事业不是居民委员会第一位的工作，不能把主要精力用在这方面。

五、要逐步适当解决居民干部的待遇问题

杭州市的居民委员会，一直没有配脱产干部，实践证明好处很多：一是有利于调动多数人的积极性。全市共有居民委员会正副主任 2219 人，还有党支部书记 253 人，合计 2472 人。显然，国家不可能配这么多行政干部；如果配少数行政干部，多数人必然有依赖思想，影响他们的积极性。二是从组织上保证居民干部真正由群众民主选举产生，好的当选，差的落选，避免了终身制的现象，有利于干部联系群众，开展工作。三是有利于动员各方面的人出来工作，树立良好的社会风气。现在就有不少动人事例。原杭州市公安局副局长范宝泉同志，离休后在下城区的朝晖新村当了居民区的治保主任，很受人尊敬，他本人也深有感触地说："当个治保主任真不容易。"

居民委员会的干部工作辛苦，承担的事多，但报酬问题至今没有得到妥善解决。下城区的居民委员会，除党支部书记和居民主任有职务补贴外，别的干部都是尽义务的，晚上巡逻到深夜，夜餐费没有着落，"吃碗光面都没处报"，普遍要求逐步给予适当解决。他们知道国家是不可能拿很多钱的，所以提出了几个来源：国家补一点（在居民区办的企业中），挂个职务拿一点，从居民区办的企业的收入中开支一点，个人为人民多贡献一点。补贴的多少要因地制宜，要有差别，不作统一规定。

六、要提高居民委员会的权威

许多居民干部反映，现在工作难做，说话没人听，经常挨骂受气，要求提高居民委员会的权威。具体意见有五条：

一是建议修改，并由人大常委会重新公布《城市居民委员会组织条例》。大家认为这个条例总的来说是好的，多数条文至今还是适用的。但那是 1954

年 12 月 31 日公布的,快 30 年了,需要做修改和补充。

二是居民区应该订立"街规民约",同农村的"乡规民约"一样,侧重教育,同时给予必要的处罚,使之有约束力。不一定都罚款,有的可以变通解决。如损坏花木,要罚加倍种植;违反卫生管理,要罚义务劳动。实践证明,农村制订乡规民约的作用是很大的。余杭县的永建公社,原来社会秩序不好,偷鱼成风,1981 年发生了 41 起案件,后来建立了"乡规民约",抓到一个偷鱼的,有 10 张大网,按规定罚款 1600 元,震动很大,不仅刹住了偷鱼风,治安问题也明显减少。1982 年公社发生案件 24 起,比 1981 年下降 42%。

三是建立和健全居民区党支部,发挥党支部的战斗堡垒作用和党员的先锋模范作用。现在退休的干部和工人增多,居民区的党员人数也大大增加,长庆街道就有 383 名,平均每个居民区有十五六名,多的有 20 多名,比 10 年前多了一倍以上,居民区都建立了党支部。但是部分党员的带头作用没有发挥好,影响了群众搞好居民区工作的积极性。因此,加强对党员的教育,发挥带头作用很重要。

四是要求派出所特别是户籍民警密切配合,加强指导。目前的问题:一是派出所的规模过大。1955 年市区人口 70 万,分 55 个派出所(不包括近郊区);现在 119 万人口,只有 46 个派出所(包括近郊区)。像下城区的武林派出所管辖 15000 多户,55000 多人,有的居民到派出所办事,要坐两站公共汽车,下车后还得走一站路的小巷子。二是户籍警少,居民区感到对他们的配合不够。全市现有户籍警 295 名,平均每人管 1043 户,多数是 1 个人管 2 个居民区,有的甚至管 3 个居民区。西溪派出所管辖 8000 多户,只有 6 个户籍警,平均每人管 1300 多户,最多的管 1800 户。全国政法会议以后,省委给我们补充了 400 名交通警和治安警,今后要求逐步补充一些户籍警。

【选自《政法动态》14 期　中央政法委员办公室　1983 年 3 月 10 日由杭州市上城区档案馆提供】

彭真委员长在中华人民共和国
第六届全国人民代表大会第一次会议上的讲话①

各位代表：

我完全同意李先念主席刚才的讲话。

我们的大会，按照宪法的规定选举和决定了新的一届国家领导人员，审议了赵紫阳总理的政府工作报告，审查了国民经济和社会发展计划、国家决算。会议开得生动活泼，代表们畅所欲言，肯定了过去五年我们在各方面的工作中所取得的巨大成就，提出了许多好的建议，并对过去工作中的缺点和不足之处提出了中肯的批评。会议在各方面取得了圆满成功。大家选举我担任全国人大常委会委员长，我对大会和人民给予我的信任，表示衷心感谢。我一定不辜负各位和全国人民对我的信任和委托，我一定和大家一道，为贯彻执行中国共产党第十二次全国代表大会决议和这次大会的各项决议，为维护宪法在各方面的贯彻执行，为社会主义四个现代化的实现而奋斗。现在，我就代表们在讨论中所关心的几个问题，谈一些意见。

（一）动员一切力量，从各方面保证宪法的实施

新宪法的颁布和实施，受到全国各族人民的热烈拥护。在这次会议上，代表们提出，上届全国人民代表大会去年制定了一部好宪法，今后是要切实保证宪法在国家政治生活和社会生活的各个方面贯彻执行，这也是广大人民群众普遍关心的。

宪法的许多规定，主要依靠国家机关来贯彻执行。一切国家机关，包括权力机关、行政机关、审判机关和检察机关，以及一切企业、事业组织，首先要自己模范地自觉地遵守宪法，同时要按照各自的职责，同各种违反宪法、危害社会主义制度和侵犯公民权利的行为，进行坚决的斗争。一切国家工作人员，特别是各级领导干部，必须认真学习宪法，熟悉宪法的原则和规定，牢固地树立

---

① 原文标题为《在中华人民共和国第六届全国人民代表大会第一次会议上彭真委员长的讲话（一九八三年六月二十一日）》。

起社会主义法制的观念,在各项工作中严格遵守宪法和有关法律的规定,养成依法办事的习惯。但是,现在在国家工作人员中确有一部分人对依照宪法加强民主与法制建设的重要性仍然认识不足。在一些方面和一些地方依然存在着漫不经心地对待宪法和法律,不依法办事甚至知法犯法、执法犯法的现象。这是必须切实纠正的。凡是藐视宪法和法律,违反宪法和法律的,不管是什么机关,不管是什么干部,都要严肃地批评和纠正,直至给以必要的法律制裁。

宪法赋予全国人大和它的常委会以监督宪法实施的职权。全国人大和它的常委会要认真地依法履行这个职责,纠正和追究重大的违宪行为。地方各级人民代表大会应当按照宪法的规定,切实地保证宪法和法律在本行政区域内的遵守和执行。

保证宪法的实施,从根本上说,要依靠人民群众的力量。毛泽东同志说过:"马克思列宁主义的基本原则,就是要使群众认识自己的利益,并且团结起来,为自己的利益而奋斗。"我们的宪法是经过全民讨论,集中最广大群众的意见制定出来的。它是维护人民管理国家的权力和其他各项公民权利,并且制裁极少数破坏社会主义的敌对分子的有力武器。它代表十亿人民的根本利益和长远利益,同时也保护每个公民正当的个人利益和当前利益。十亿人民充分认识实施宪法同他们的根本利益和切身利益的关系,就会自觉地为维护宪法尊严、保证宪法实施而奋斗。

工会、妇联、共青团等社会团体,居民委员会、村民委员会等基层群众性自治组织,都要动员群众学习、掌握和维护宪法,并且捍卫自己所联系的群众的合法权利,同侵犯公民权利和其他违宪的行为进行有效的斗争。报纸、刊物、广播、电视等新闻舆论机关,在宣传宪法、动员人民群众遵守和维护宪法、揭露和批判各种违法行为等方面,要充分发挥自己的作用。

共产党领导人民制定宪法和法律,也领导人民执行宪法和法律。党员必须以身作则,成为奉公守法的模范。在中国共产党的领导下,全体人民动员起来,一切国家机关和社会组织行动起来,宪法一定能够在国家生活和社会生活的一切方面贯彻执行。

(二)按照宪法的规定加强社会主义民主和法制建设

代表们提出,要按照宪法的规定,进一步健全人民代表大会制度,加强各级人民代表大会的工作,加强社会主义民主和法制建设,并且在这方面提出许多很好的建议。

人民代表大会制度是我国的根本政治制度。人民通过由自己选举产生的全国人民代表大会和地方各级人民代表大会行使国家权力,充分体现了民主集中制的原则。各级人民代表大会本着对人民负责的精神,行使宪法所赋予它们的职权,讨论决定全国和地方的大事,在国家生活中起着重要作用。

依据宪法,本届全国人大常委会将行使比上届更多的职权。本届全国人大还设立了六个专门委员会,有些已经开始工作。这些专门委员会将成为全国人大和它的常委会的得力助手。提交全国人大或它的常委会审议的各项议案会涉及社会主义现代化建设的许多重大而又复杂的问题。专门委员会的主要职责就是为解决这些问题进行周密的调查,充分听取各方面的意见,仔细比较各种可供选择的方案,进行客观全面深入的研究,以帮助全国人大或它的常委会做出正确的决定。

为了健全社会主义法制,全国人大和它的常委会要加强立法工作。除宪法外,上届人大和它的常委会还通过了一批重要的法律,包括刑法、刑事诉讼法、民事诉讼法(试行)和关于国家机构的几个组织法等基本法律。宪法和这些基本法律是我国法制建设的基础。但是,还有一些重要的迫切需要的法律有待制定,立法任务还很繁重。由于各项改革正在展开,许多工作还处在试验和积累经验的过程中,法律的制定只能随着实践经验的成熟逐步走向完备,不能匆忙,不能草率从事。也不能主观地片面地贪多求全,并且要防止过于烦琐,以致难于通行,也难于为干部、群众熟悉,掌握。我们要根据实际的需要和可能,有计划有步骤地进行立法工作,做到既积极又慎重,以保持法律的严肃性和稳定性。

县级以上地方各级人大和它的常委会,要适应社会主义现代化建设新形势的需要,依照宪法规定,积极主动地进行工作。在我们这样一个地广人多、经济文化发展很不平衡的多民族国家建设社会主义,必须十分注意在中央统一领导下,适当扩大地方的权力,发挥中央和地方两个方面的积极性,使地方能够按照宪法、法律规定的原则,因地制宜地发挥他们的主动性创造性,机动灵活地办理各项事情。

在广大农村,要按照宪法的规定,有准备有步骤地实行政社分开,召开乡人民代表大会,选举乡政府。这项改革要有利于加强农村基层党组织和乡政权,发展农村经济,活跃农村基层民主生活。乡的区划大小,以便于干部能上能下、接受群众监督、发扬民主、改进工作为原则,各地方可以根据实际情况,经过调查研究,实事求是地来确定。

在城乡按居民居住地区设立的居民委员会、村民委员会,是具有中国特色的基层群众性自治组织。它们作为人民群众自我教育、自我管理、自我服务的组织,办理公共事务和公益事业,调解民间纠纷,协助维护社会治安。这些工作中有许多由它们来做比由政权机关来做更适当、更有效。我们要认真总结、推广这种群众性自治组织的经验,充分发挥它们的作用。

社会主义民主是历史上最高类型的民主。在我国,广大人民当家作主的社会主义民主,在粉碎"四人帮"以后,已经恢复和有了发展。但是,我国的经济文化还比较落后,妨碍民主生活的因素还不少。发展社会主义民主,健全社会主义法制,还是长期的艰巨的任务。我们要在宪法的基础上,坚持不懈地沿着使社会主义民主制度化、法律化的道路前进。我们一定能够在发展社会主义经济和文化的同时,逐步实现高度的社会主义民主。

(三)工人、农民、知识分子团结起来,集中力量进行社会主义现代化建设

宪法规定:"今后国家的根本任务是集中力量进行社会主义现代化建设","逐步实现工业、农业、国防和科学技术的现代化,把我国建设成为高度文明、高度民主的社会主义国家"。在社会主义现代化建设中,经济建设是中心。必须逐步实现四个现代化,我们的社会主义社会的物质基础才能更加雄厚,人民民主专政才能进一步巩固,人民的物质和文化生活水平才能显著提高,国防力量才能大为增强。

智力开发对于社会主义现代化建设事业具有十分重大的意义。宪法对发展教育事业、科学技术和文化事业,作了明确规定。赵紫阳总理在政府工作报告中,把以发展教育和科学技术为重点的文化建设放在重要的地位。这次会上,许多代表根据同样精神,对发展教育事业中的经费、师资、普及初等义务教育、提高教育质量和加强教育立法等问题,提出了很好的建议。国家根据宪法的规定,要大力发展教育事业,既要继续发展和办好高等教育,又要特别重视逐步实现普及初等义务教育,发展中等教育。但是,单靠国家力量是不够的。必须发动各种社会力量,依靠广大群众,举办教育事业。在农村,随着农业生产的不断发展和农民生活水平的日益提高,广大农民对于文化科学技术的需要越来越感到迫切,举办教育的积极性和能力也会越来越高。我们要把各方面的力量组织起来,注意发挥广大知识分子和知识青年的作用,尽快提高全民族的文化科学技术水平,以适应社会主义现代化建设的需要。

社会主义现代化建设是全国各族人民的根本利益所在,也必须依靠全体人民的力量。我们要继续解放思想,实事求是,研究新情况,解决新问题,进一步清理"左"的错误思想的影响。同时,要提倡用自我教育的方法来克服人民内部一部分人的损人利己、损公肥私的思想,要反对资产阶级自由化倾向,要同破坏社会主义的各种经济犯罪活动和其他犯罪活动进行坚决的斗争。全国人民都需要把思想正确地统一到社会主义现代化建设的根本任务上来,坚持四项基本原则,进一步发扬自力更生、艰苦奋斗的精神,从各自的岗位上为现代化建设事业做出自己的贡献。

工人、农民、知识分子这三部分劳动者,是我们社会主义社会的三支基本的社会力量。宪法指出:"社会主义的建设事业必须依靠工人、农民和知识分子,团结一切可以团结的力量。"现代化生产的发展、现代文明的创造,离不开工人的劳动,离不开农民的劳动,离不开知识分子的劳动。在剥削制度下,剥削者和劳动者的对立,也反映在脑力劳动和体力劳动之间。社会主义制度消灭了剥削阶级,劳动者成为国家和社会的主人,工人、农民、知识分子之间的团结一致具备了充分的政治、经济和社会的前提。我们要百倍地加强工人、农民、知识分子这三支基本力量的团结,加强全国各族人民的团结,反对任何不利于团结的言论和行为。

正如许多代表在讨论中所提出的,我们要继续克服轻视科学文化知识和轻视知识分子的错误倾向。进行现代化建设,必须有现代的自然科学、社会科学和其他各种文化知识。知识分子是社会主义现代化建设所绝对必需的,他们又是向广大人民群众传播科学文化知识的桥梁。重视知识分子,就是重视科学文化知识。

我们重视知识分子,决不是说可以轻视工农兵和其他劳动人民及他们的作用。我们只是要求纠正那种轻视知识分子的错误,以利于进一步加强工人、农民、知识分子的团结。广大工人、农民和工农干部具有生产实践和实际工作的丰富经验和知识,那都是很可贵的。实践出真知,知识分子应当重视一切实践经验,包括工人农民的实践经验,虚心地积极地向工农学习,努力做到理论与实践相结合;在为人民服务、为社会主义服务的实践中,加强同工人农民的团结和合作。同时,工农劳动者应当虚心地积极地向知识分子学习,提高自己的文化科学技术水平,逐步缩小体力劳动和脑力劳动的差距。

社会主义现代化建设事业是崭新的艰巨的事业。无论干部、工人、农民还是知识分子,都有加强学习的任务,都有在改造客观世界的过程中同时改造自己的主观世界的任务,都需要不断克服各自的弱点和缺点,克服某些人的极端个人主义思想和其他错误思想。要在广大人民群众中进行社会发展史的教育。广大人民特别是国家干部和知识分子都应该学习辩证唯物主义和历史唯物主义,使科学的世界观成为统一全体人民的思想基础,自觉地走历史必然之路——社会主义道路。

全国工人、农民、知识分子,互相尊重,互相学习,互相结合,团结起来,为实现四个现代化,把我国建设成为高度文明、高度民主的社会主义国家而奋斗。我们的事业一定会取得伟大的胜利。

1983 年 6 月 21 日

【选自《人民日报》1983 年 6 月 22 日】

杭州市上城区批转小营巷街道办事处
《关于减轻居委会任务负担的意见》的通知

上政〔1983〕71 号

区政府直属各单位,各街道办事处:

为了认真贯彻中共中央〔1983〕10 号文件精神,减轻居民委员会过重的任务负担,使之更好地发挥基层群众性自治组织的作用,小营巷街道办事处拟定了《关于减轻居委会任务负担的意见》,并同各有关部门、单位讨论,取得了基本一致的意见。区政府决定,将此件批转给你们,望认真贯彻执行。为了不使各项工作脱节,区政府要求各有关部门、单位和居民委员会密切配合,相互协商,注意做好衔接工作。

杭州市上城区人民政府
1983 年 7 月 29 日

关于减轻居委会任务负担的意见

宪法第一百一十一条明确规定,城市居民委员会是"基层群众性自治组织"。它的任务是"办理本居住地区的公共事务和公益事业,调解民间纠纷,协助维护社会治安,并且向人民政府反映群众的意见、要求和提出建议"。我们都要按照宪法的规定,采取措施,在基层社会生活中,让群众更好地自己管理自己的公共事务和公益事业,充分发挥居民委员会群众性自治组织的作用。

现在的主要问题是:居民委员会任务太多,负担太重。我们最近分别召开了居委会干部和街道外勤干部座谈会,进一步做了调查研究,深切感到现在的居委会不像群众性自治组织,倒像各级行政机关的手脚,成了各行各业的"代办所"。上面有 20 多个机关和部门向它布置任务,要各种统计报表,有 23 项任务、72 件具体工作,仅开证明一项就有 38 种。真如居民干部所说:"上面千条线,底下一根针","上面工作分系统,下面成了垃圾筒"。这种情况与宪法规定的居委会性质不符,与居委会干部普遍老年化且尽义务的现状也不相适应。这样下去,不但居委会干部受不了,而且会把居委会压垮。

为此,我们要认真贯彻中共中央〔1983〕10号文件的精神,按照宪法关于居民委员会性质与任务的规定,逐步改革居委会的工作,各有关部门都应想方设法减轻居委会的任务负担,按宪法规定将居委会真正建设成群众性的自治组织。现经我们研究,提出如下初步意见。

一、治保工作方面

(一)居民区夜间防范,居民干部应进行"四防""三查";除特殊情况外,一般不组织居民干部搞夜间巡逻。应由派出所和地区治安联防组织单位进行夜间巡逻。

(二)申报临时户口应由派出所民警受理,为了方便群众,可在每个居民区设警民联系箱,或下居民区办公受理,一般不要叫居委会办理。

(三)群众打架等事件向公安派出所报告的,派出所民警应到场平息事态,然后按性质分别由有关部门调查处理。

二、卫生工作方面

(一)在开创文明卫生居民区工作中,如墙面白化、墙门内地面硬化和墙门内水井、窨井修理、厨房改善等,应由房管部门负责,并与房屋维修工作结合起来搞;道路、下水道修理,室外公用水井及窨井修理,规模较大的绿化设施等,应由市政队负责,并与旧城改造相结合。上述所需的经费、材料、技术要有关部门落实,不能压给居委会。

(二)对于各居民区墙门内的窨缸、窨井、水井、卫生设施的经常性修理保养工作,房管站应在街道建立一个修理队,日常业务安排由街道城市建设管理办公室的、房管部门派出的副主任负责,不要把职能部门的工作推给居委会。

(三)环境卫生,凡是单位倾倒的无机垃圾由该单位负责清理,居民倒的少量无机垃圾由上城环卫队负责清理;粪便清理、公共卫生设施应由环卫队负责。

(四)井水消毒、药物喷洒、孳生地控制检查等,应由消毒员负责,不能把应尽职责推给居委会干部去搞,并应协助居民区开展爱国卫生活动。

三、计划生育工作方面

(一)在职职工的计划生育工作主要由所在单位抓,居委会主要抓好生产生活服务事业从业人员、摊贩、无业人员的计划生育工作,并配合工厂企业做好在职职工的思想工作。

(二)申报出生婴儿户粮关系应方便群众,简化手续,只凭"生育指标卡"

"产次证明"和"婴儿出生证"即可直接去报户粮,领取应发票证。

四、储蓄协税工作方面

(一)居委会应向居民宣传爱国储蓄,但银行不向居委会发储蓄进度表;储蓄收款应由银行聘请若干协储员办理,不应叫居委会主要干部兼收。

(二)认购国库券居民区不宜具体分配指标,可由居委会宣传动员后由居民自愿认购,并由认购者本人向街道办事处缴款。

(三)分发房地产税的通知单应由税务部门在各居民区聘请一名协税员办理。

五、民主分房等工作方面

(一)分配住房政策性很强,是房管部门的业务工作,应由房管部门办理,但在工作方法上要走群众路线,居委会协助召开居民座谈会,听取意见和反映,具体分配由房管部门搞,不要把矛盾推给居委会。

(二)凡因违反房屋政策和公共区域占用不当而引起的纠纷,由房管部门秉公解决,居委会配合调解。

六、发放票证工作方面

粮票及其他各种票证的发放,应由粮站派人到居民区发放,居委会干部配合做些工作,并同时收取保洁费。

七、工商行政管理工作方面

(一)无证摊贩调查,由工商行政管理部门派人或雇人进行调查,不要交居委会代办。

(二)个体工商户申请登记,由申请人直接向街道办事处申请,不要交居委会去办。

八、外调接待工作方面

外调接待工作,应由街道办事处和派出所负责接待,居委会一般不直接接待外调人员。

九、开具各种证明和各种统计报表

居委会对于现有的各种证明,按以下原则办理:

(一)必要开具的证明,凡是单位职工,一般应由所在单位证明。待业、无业人员和纯居民等由居委会证明,包括:

1.调换全国粮票证明;

2.调换外省棉花票证明;

3.外出住旅馆证明;

4.供养关系证明;

5.申请减免房租证明;

6.申请减免房地产税证明;

7.申请人民助学金证明;

8.产妇购买营养食品证明;

9.冲木料证明;

10.拾到弃婴证明;

11.私人办托儿所收费报销证明;

12.遗失房卡证明(以上三项由房管部门调查);

13.外地工作的干部、职工申请调杭证明;

14.外地职工来杭探亲因故延长假期证明;

15.摊贩货物被扣证明;

16.申报登记个体摊贩证明;

17.救济户免费火葬证明(以上五项由街道办事处证明)。

(二)可以凭工作证或户口簿,不需要出具证明的,包括:

1.邮局汇款,地址相符,姓名不符证明;

2.待业人员向市交通公司购买月季票证明;

3.到商店做衣、烫衣的发票在洗衣服时损坏证明;

4.购买油漆家具用的香蕉水证明;

5.待业青年身份证明;

6.闲散劳动力身份证明;

7.待业青年向省市图书馆领借书卡证明(以上三项凭待业青年卡)。

未经区人民政府批准下达的统计报表,居委会拒绝办理。

小营巷街道办事处

1983 年 7 月 25 日

居民委员会、村民委员会的性质、地位和作用

（一）

新宪法第一百一十一条专门就居民委员会、村民委员会的性质、地位和作用作了规定。这是对我国地方管理制度的一项重要改革，它对于我国逐步实现高度民主的政治制度，建设社会主义精神文明，巩固人民民主政权、加速四个现代化建设，都具有重要的意义。

按照宪法第一百一十一条第一款的规定，居民委员会、村民委员会是"基层群众性的自治组织"。这就明确了居民委员会、村民委员会的性质，它是基层群众性的自治组织，而不是一级政权。

政权是阶级统治的工具，它本身包含有"强制"的意思。它的成员是按照宪法和法律规定由上级任命和选举产生的，其主要职能是颁布和执行国家法律、法令，管理国家的事务。而"群众性的自治组织"，则包含有"自己管理"的意思，它是人民实现直接民主的，群众自己管理自己事务的一种组织形式。居民委员会和村民委员会是居民和村民按照实际的需要，在居住的地区内自愿组织起来的。居民委员会、村民委员会的干部由居民选举，其工作须依照大家制定的决议和公约进行。居民委员会、村民委员会的工作方式是靠说服教育，而不是行政命令。居民委员会和村民委员会与政权机关在性质上有着原则的区别。

但这并不是说居民委员会和村民委员会与政权机关全然无关。在我们社会主义国家，国家、集体和个人在根本利益上是相一致的。居民委员会、村民委员会作为基层群众性的自治组织，它们的利益同国家的根本利益也是不可分的。它们的工作是在国家基层政权机关的指导和帮助下进行的。它们既是国家政权机关和人民之间的纽带和桥梁，又是基层政权机关的助手。

(二)

居民委员会和村民委员会的出现不是偶然的,而是由我国国家的本质决定的。我国是工人阶级领导的人民民主专政的社会主义国家。人民是国家的主人。人民不仅有管理国家、管理企业的权利,而且有管理文化、教育和社会生活等权利。这些权利不仅通过选举人民代表,组成各级人民代表大会来实现,而且还以直接民主的方法,由人民直接来行使。列宁曾指出:"委托人民'代表'在代表机关中实行民主是不够的。要建立民主,必须群众自己立刻从下面发挥主动性,实际参加一切国家生活。"(《列宁全集》第 24 卷,第 141 页)党的十一届六中全会通过的《关于建国以来党的若干历史问题的决议》也强调在基层政权和基层社会生活中,要逐步实现人民的直接民主,以逐步建设我国高度民主的社会主义政治制度。

居民委员会和村民委员会的建立,也是由我国的经济、政治、文化等发展状况决定的,是开创建设社会主义现代化新局面的需要。

地方管理制度是上层建筑的一部分,它必须适应经济基础的需要,为经济基础服务。当前我国已进入了一个新的历史时期。在这个新的历史时期,随着国家的工作重点转移到社会主义现代化建设上来,要把十亿人民的积极性充分调动起来。在城市和农村中建立基层群众性的自治组织——居民委员会和村民委员会——正是充分调动十亿人民积极性的重要环节。

居民委员会组织,最初是在 1950 年废除旧的保甲制度后,配合反霸、镇反等工作的开展,在我国城市中开始普遍建立的。1954 年 12 月 31 日全国人民代表大会常务委员会第四次会议通过了《城市居民委员会组织条例》,明确肯定了居民委员会是群众的自治性居民组织,并对它的组织和任务等作了规定。30 多年来,居民委员会在宣传社会主义法制,动员群众响应政府号召,向人民政府反映居民的意见和要求,调解民间纠纷,维护社会治安,举办社会公共福利等事务中起了很好的作用。事实证明,它是居民实现直接民主的一种行之有效的组织形式。

村民委员会是党的十一届三中全会以来农村中出现的新生事物。早在第二次国内革命战争时期,在个别地方曾出现过类似村民委员会的组织,只是由于当时处于战争环境中,它未能得到发展。在抗日战争时期到农业合作化以前,农村的行政机构是村政府和村公所,它们是乡政府的派出机构,属于基层政权性质。到 1958 年人民公社建立,实行了政社合一制后,村公所(村政府)就被撤销了。

党的十一届三中全会以后,农村中逐步实行了联产承包责任制。在有多个生产队的自然村中,出现了不少新的矛盾和问题,其中最突出的是偷窃、赌博以及家田水利和山林保护等问题。农村中的公益事业如修路、建房、卫生、学校等也缺乏统一规划和管理。在广西壮族自治区河池等地区的许多农村,农民为了解决上述矛盾和问题,从本村实际情况出发,自愿组织起来,建立了自己管理自己的组织,起名为村民委员会。村民委员会的干部由群众推选,一切重大问题都由村民委员会根据群众的意见讨论决定,并且制定了"村规民约",公布实施。"村规民约"的内容各村不尽相同,归纳起来大致包括以下几个方面:(1)统一维护和管理本村的山林、水利、道路、水井等公共设施和财产;(2)禁止赌博、偷盗和庇护坏人,不准乱放畜禽,毁农作物;(3)开展文化娱乐活动,搞好全村清洁卫生和村容管理等。"村规民约"对违者实行处罚与教育相结合的处理方针。一般都规定了罚款的具体数字,罚款多用于全村的公益事业。

由于充分发扬了民主,发动了群众,群众自己管理自己,所以凡是建立了村民委员会的村,在短时间里,很快就煞住了偷盗、赌博、乱放畜禽毁坏庄稼等歪风,社会治安情况有了好转,还解决了一些农田用水矛盾,举办了一些公益事业等,总之,收到了良好的效果。

村民委员会这个新生事物很快就得到了党中央的重视。经过宣传推广,许多地方相继进行了建立村民委员会的驻点,取得了初步经验。

实际生活表明,居民委员会和村民委员会是具有强大生命力的组织。把居民委员会和村民委员会写进宪法,就为建立、加强和不断完善这些自治性的群众组织提供了宪法保障。

(三)

宪法第一百一十一条第二款规定了居民委员会、村民委员会的组织和任务:"居民委员会、村民委员会设人民调解、治安保卫、公共卫生等委员会,办理本居住地区的公共事务和公益事业,调解民间纠纷,协助维护社会治安,并且向人民政府反映群众的意见、要求和提出建议。"

居民委员会和村民委员会在我国政权组织中虽不是一级政权,但它们是政权组织的基础,是国家各项任务的落脚点,是人民当家作主、实行直接民主的一种组织形式,是我国社会组织的基本细胞。它们在我国地方管理体制中占着重要的地位,起着不可忽视的作用。

第一,居民委员会、村民委员会具有最广泛的群众基础,它们把我国城乡所有的居民都组织了进去,这是其他任何群众组织都不能比拟的。

第二,由于居民委员会、村民委员会建立在城乡基层,最接近群众,因而最了解群众的要求和愿望,能够把群众的意见和要求及时反映给政府,使政府制定的法律、政策更加符合实际情况,并能更好地得以贯彻执行,它们实际上起着政权和广大人民之间的桥梁和纽带作用。

第三,居民委员会、村民委员会的干部是居民和村民直接选举产生的,他们来自群众,得到群众的信赖,与居民朝夕相处,因而能够深入群众,非常熟悉了解群众的情况,最适合做群众的思想工作,在教育和帮助失足问题、调解纠纷时,能使问题比较迅速而又合情合理地得以解决,从而防止矛盾的激化,预防犯罪的发生。居民委员会和村民委员会依靠和发动群众,检举、监督和管理破坏社会治安的犯罪分子,在维护社会治安方面起着重要的作用。

第四,居民委员会、村民委员会通过群众自己制定的各种守则、公约,向居民、村民进行政治思想教育,开展五好家庭、五讲四美、拥军优属、照顾五保老人等活动,宣传法制,教育青少年,移风易俗,搞好环境卫生,开展文体活动,为建设社会主义的精神文明和实现社会风气的根本好转做出了积极贡献。

第五,居民委员会和村民委员会还根据居民、村民的需要,举办一些力所能及的社会公益事业,如办托儿所、幼儿园、扫盲识字班、食堂、各种服务点,植树,种花以及修路,维护修建水利设施等,解除职工、农民的后顾之忧,使他们能够更好地为四化建设做贡献。

第六,人民群众通过在居民委员会、村民委员会中自己管理自己的民主生活,落实了人民当家作主的权利,提高了群众的主人翁感,为不断扩大我国人民的直接民主,建设高度民主的政治制度积累经验。

(四)

居民委员会、村民委员会这些基层群众性的自治组织,是从我国国情出发,把马克思主义的普遍真理同中国社会主义建设的具体实践相结合的产物,它的特色是:

（1）群众的自治主要体现在群众自己制定"街规民约"和"村规民约"上。这些"村规民约""街规民约"，都是根据群众共同的需要，民主协商制定，然后经居民或村民大会通过生效的。因此它具有很高的权威性和广泛的群众基础，是群众自己教育自己、自己管理自己的有效方法，是建设社会主义精神文明、树立社会主义道德风尚、改变旧的风俗习惯的重要方法。

（2）居民委员会、村民委员会的工作方法主要是民主的方法、说服教育的方法，但对不遵守公约的人也辅之以罚款等惩罚手段。这种以教育为主、惩罚为辅的方法是我们党历来倡导的解决人民内部矛盾的方法。

（3）居民委员会和村民委员会的工作是在基层党政组织的支持和帮助下进行的。党组织对居民委员会和村民委员会经常进行党的方针、政策和法制教育，使他们严格按照国家的法律和党的政策办事；基层人民政府则把居民委员会、村民委员会的工作列入自己的工作日程，帮助指导他们开展工作，总结经验，并从人力、物力各方面帮助他们解决一些困难和问题。

（五）

从全国范围来看，已经建立起居民委员会、村民委员会的地方，总的来讲，工作是有成绩的，情况是好的。但也存在着一些尚待解决的问题。

就居民委员会方面看：在十年动乱中，居民委员会曾遭到严重破坏，有的处于瘫痪或半瘫痪状况。粉碎"四人帮"后，特别是在党的十一届三中全会以后，各地居民委员会陆续得到恢复和加强，组织状况有所好转，但还不能适应新时期新形势的需要。必须从以下几方面加以改进：（1）对居民委员会的任务应当逐步进行调整，切实解决居民委员会的任务过多过杂的问题，有的地方居民委员会的任务多达 50 多项，甚至 70 多项。这些任务大多是上级政权或业务部门布置的，如储蓄、收水电费、征兵政审、开介绍信、安排知青工作等，很少是群众自愿或自发组织起来开展的。有的居民委员会干部说："上面千条线，下面一根针"，"政府工作分系统，居委会工作是总统"。这样无形中改变了居民委员会的"群众性自治组织"的性质，实际上使它成为一级政权或一级政权的派出机构、办事机构。（2）根据人口变动情况，调整居民委员会的布局，进一步健全居民委员会的组织机构，调整干部结构，使居委会的干部实现革命化、年轻化、知识化，以适应目前工作的要求。（3）政府应根据当地的实际情况，做出决定，解决居民委员会干部的待遇和经费问题，以利于调动干部的积极性和开展群众迫切需要解决的公益和福利事业。(4)进一步明确基层政权、企事业单位和居民委员会三者之间的关系,使它们既有明确的分工,又能一致地互相配合,进行工作。(5)培训居民委员会的干部。要组织居民委员会干部,深入学习党的方针、政策,学习宪法和法律,以及其他有关规定,不断提高他们的思想和政策水平。(6)根据新的情况和宪法第一百一十一条的规定,重新修订《城市居民委员会组织条例》。总之,对居民委员会需要进行调整、整顿,解决工作中存在的问题,以使它日渐完善和巩固。

就村民委员会而言,目前主要还是个建设问题。从全国范围看,已经建立村民委员会的还只是少数地区,因此需要在政社分开的基础上,在农村中逐步建立村民委员会。对已经建立的村民委员会,应当加强领导,帮助他们总结经验,改进工作作风,注意工作方法,认真按照国家的法律和党的政策办事,实行以群众自我教育为主的方针,并应尽快制定有关村民委员会的法律和规章制度,使村民委员会的工作有法可依、有章可循。

【选自《中国政法大学学报》1983 年第 4 期,作者孙丙珠】

1984

杭州市上城区涌金街道关于辖区基干民兵和街道居民群众共建文明居民区、街（巷）、院、五好家庭的意见①

根据杭州市武装委员会〔1984〕1号文件和杭州市委副书记、代市长钟伯熙在1984年1月12日市武委会上的讲话精神，为了加速实现四个现代化和进一步促进两个文明的建设，现根据本辖区的实际情况，对辖区各单位基干民兵参加本街道与居民群众共建文明居民区、街（巷）和文明五好家庭的意见安排如下，望各单位切实组织落实好，认真贯彻执行。

一、指导思想

以党的十二大精神为指针，以杭州市武委会〔1984〕1号文件为依据，学好邓小平文选、学好整党②文件，加强纪律、密切配合，使本单位所在地居民区、街（巷）院和墙门、五好家庭，有较大的起色，并有新的创造和总结出一套新的经验，重点地区要有重大的突破，真正使文明居民区、街（巷）、院和文明五好家庭在居民群众中有生命的活力。

二、组织方法

1. 按照民兵单位所在地，有重点地承包本地区居民区的街（巷）、院和墙门及家庭，落实责任制，居民区、街（巷）、院要落实到营、连、排、墙门，家庭落实到排和班，保持点和建制的统一。

2. 与所在地居民委员会建立各片领导小组，组长由街道外勤担任，副组长由居委会主任和单位民兵负责人担任。

3. 每月各片根据中心任务不少于1次会议和1至2次活动，半年要有初

---

①　原文标题为《辖区基干民兵和街道居民群众共建文明居民区、街（巷）、院、五好家庭的意见》。

②　整党：中国共产党第十二次全国代表大会决定，从1983年下半年开始，用三年时间对党的思想、政治、组织、作风进行一次全面的整顿，目的是加强党的思想建设和组织建设，改进党的作风，加强党的团结，增强党的领导作用和战斗力。——编者注

评,年终要有总评。街道辖区将评比列入年终评比先进民兵单位和先进个人的内容,成绩突出者,如有特殊贡献者,报上级给予立功受奖。第三个文明礼貌月要首先下功夫搞些突击,月底检查评比。

三、内容与任务

1.宣传党的各项方针、政策。配合居民区推动街(巷)、院、墙门及家庭的"五讲四美""三热爱"活动。教育群众和青少年遵纪守法,做有道德、守纪律、有理想的一代新人。

2.静化、美化、绿化居民区、街(巷)、院、墙门的环境,同时发动居民群众在搞好本院和墙门卫生外,也要美化好自家的门前门后,达到承包地整齐化的效果。

3.防盗、防火,维护社会治安,配合公安部门和街道与居民区一起打击刑事犯罪和其他犯罪,杜绝案件,不出重大事故,使本单位承包的地区,在社会风气上有明显好转。

4.扶老携幼,为孤寡老人和孤儿送水、送饭、送温暖,组织民兵开展为民服务活动,相互学习、增进团结。并结合市容整顿,突击解决承包的居民区、街(巷)、院及墙门的脏、乱、差老大难问题。

四、加强对共建文明的领导

杭州市是全国重点旅游城市之一,我们涌金地区又处于本市和本区的闹市中心,所以辖区各民兵单位和本街道有关居民区,一定要在思想上有充分的认识,一定要把共建文明居民区、街(巷)院、墙门及家庭列入议事日程,做到会议落实、活动落实,以实出发、从实着手,统筹安排、讲究效果,使共建文明在本地区迅速开展起来。共建文明,民兵单位和基干民兵要带好头,要主动密切配合,给予支持;特别是要把民兵团的好纪律、好作风带到居民群众中去,使我们各单位的民兵在居民群众中有一定的威望。

杭州市上城区涌金街道人武部

1984 年 2 月 29 日

【由杭州市上城区档案馆提供】

北京市充分发挥居民委员会在
社会治安综合治理中的作用①

城市居民委员会是居民按居住地区组织起来的基层群众性自治组织。居民委员会作为人民群众自我教育、自我管理、自我服务的群众性组织，是党和政府联系群众、依靠群众，广泛发动和组织群众直接参与国家管理的一种行之有效的组织形式。

我国的居民委员会和它的治保委员会、调解委员会等基层群众性组织，是在继承革命根据地人民民主政权建设，实行群众性自治的优良传统，总结建国以来城市政权建设、街道居民工作经验的基础上建立和发展起来的。早在1954年12月31日，第一届全国人民代表大会常务委员会第四次会议，就通过并公布了《城市居民委员会组织条例》。城市居民委员会自20世纪50年代初期建立以来，在调解民间纠纷、协助维护社会治安、办好本居住地区的公共事务和公益事业等方面，起了积极的作用，充分体现了我国人民群众当家作主的人民民主制度的优越性。十年动乱期间，居民委员会也遭到了严重的摧残和破坏。党的十一届三中全会后，居民委员会及其治保、调解组织，经过全面恢复、整顿，逐步健全起来。1982年颁布的新宪法，对居民委员会的性质、地位、组织和作用，作了规定。这对发展基层社会生活的群众自治，加强基层群众性自治组织的建设，必将产生强大的推动作用。

充分发挥基层群众性组织的作用，是社会治安综合治理的重要一环。要搞好社会治安，必须把政治公安机关的专门工作同广大群众的积极性结合起来，必须加强基层基础工作。居民委员会及其治保委员会、调解委员会的成员，由居民群众直接选举产生，是群众熟悉和信任的人。他们来自群众，生活在群众之中，同群众有着密切的联系，了解和熟悉当地群众和社会的情况。这些就决定了居民委员会及其治保、调解组织在社会治安综合治理中能够起到政权机关不易起到的特殊作用。它们便于运用各种有效的方式，教育群众自

---

① 原文标题为《充分发挥居民委员会在社会治安综合治理中的作用——关于北京市居民委员会的调查》。

觉地遵守法律,遵守公共道德,做好教育挽救失足青少年的工作;便于发动群众搞好安全防范工作,维护社会治安,积极同违法犯罪行为做斗争;便于及时有效地调解人民内部纠纷,防止矛盾激化,促进社会的安定团结。因此,为了更好地发挥这些基层群众组织在社会治安综合治理中的作用,需要进一步加强居民委员会及其治保、调解组织的建设,认真总结、推广行之有效的好经验,不断改进居民委员会的工作。

下面结合北京市居民委员会的情况,谈谈居民委员会的组织建设和街道办事处对居民委员会工作的指导问题。

一、新建住宅楼群尚未建立居民委员会的,要尽快建立起来

粉碎"四人帮"后,北京市居民委员会于 1980 年和 1982 年进行过两次大改选,应建立居委会的基本上均已建立。据统计,全市近郊 10 个区现有居民委员会和家属委员会约 2800 个。各地居委会的内部组织机构,基本上也是健全的。一般都设治保、调解、卫生、妇女等工作委员会,在居委会统一领导下进行工作。居委会下面按居民院或楼门设若干居民小组,居民小组一般由 50 户左右居民组成,组长由居委会委员兼任。

目前存在的问题是,有些近年来新建的住宅楼群或宿舍大院,尚未建立居民委员会或家属委员会。由于居民没有组织起来,这些住宅楼的治安保卫、民事调解、青少年教育、市容卫生、计划生育等工作几乎陷于无人过问的状态,甚至有的宿舍楼秩序混乱,给居民管理工作带来很大的困难。在这种情况下,有的楼房居民同属一个单位,便由单位派人看楼;几个单位职工合住一楼的,由各单位摊钱雇人看楼;有的是发动职工请假轮流值班看楼。这些住宅的居委会之所以建立不起来,有的是由于居民楼群不好管理,没人愿意干;有的是由于一个大院内有几个单位的宿舍楼,没有一个单位肯牵头管理;有的则是由于没有居委会的办公用房。

为了搞好社会治安的综合治理,加强基层工作,凡应建立居民委员会或家属委员会而尚未建立的,应当尽快设法建立起来。当然要做好这个工作确有不少实际困难,但实践证明,如能积极做好宣传工作,把居民群众充分发动起来,并取得有关单位的支持和帮助,问题不是不能解决的。特别是对那些几个单位共同住在一起的宿舍楼和宿舍大院,引起有关单位对居民工作的重视,争取他们的支持和帮助,是在这些地方建立居民委员会组织,开展居民工作的重要条件。以德胜门外街道石油部家属委员会的经验为例,该家属委员会共有

居民 798 户,2980 人,其中石油部家属近 500 户,化工部家属近 50 户,煤炭部家属 98 户,其他工厂、学校的 100 多户。这个家属委员会的主任由石油部派一名干部担任,三名副主任中峡谷名是退休离休人员和一名职工家属。石油部除为家属委员会提供办公用房和家具外,还为居民修建了存车处,安窗栏杆、保险锁;帮助家属委员会成立了校外活动站,还派出一名专职干部担任校外辅导员。家属委员会的办公费用实报实销。副主任的经济补贴由街道负责,其他委员年终由街道给予一定的物质鼓励。家属委员会工作由石油部党委办公室抓,同时受街道办事处的指导。由于单位的重视和支持,这个家属委员会的工作颇为出色。从 1982 年 6 月到现在,没有发生大小刑事案件,民事纠纷也日益减少,解除了干部、职工的后顾之忧。

二、关于居民委员会的规模问题

居民委员会是居民按居住地区设立的,自己管理自己事务的群众性组织。随着社会主义物质文明和精神文明建设的不断发展,居委会的任务日益繁重,对居委会工作的要求也会越来越高。居委会的每项工作都要直接与居民打交道。因此,为了有利于工作的深入开展,便于随时了解和掌握本地区的居民情况,及时妥善地解决问题,居委会的管区不宜过大,按 500 户左右居民比较合适。

目前,北京市有少数居委会管区过大。例如,西城区 320 个居委会中600~800 户的 116 个,800~1000 户的 21 个;东城区 326 个居委会中上千户的约占 10%。事实表明,居委会管区过大,对居民工作开展反而不利。因此,对管区过大的居委会,宜适当划小。

三、关于居民委员会积极分子队伍问题

居民委员会作为基层群众性的自治组织,任务繁多,而且事事都要自己动手。因此,居委会积极分子队伍是否齐备,政治素质、文化水平、健康情况如何,就成为居委会工作能否有成效以及成效大小的关键。

目前,北京市居民委员会拥有一支庞大的积极分子队伍。自 1982 年全市居委会改选后,街道积极分子队伍中离休、退休的干部和职工的比例增大了。据统计,全市 10 个区现有居民委员会和家属委员会积极分子 8 万多人,其中离休、退休的干部和职工近 5 万人。初步形成了以退休人员和职工家属为主体的积极分子队伍。

总的看来,全市绝大多数居委会的积极分子是好的和比较好的。他们热心群众工作,不少人不顾体弱多病和家务拖累,一心扑在街道工作上;他们作风正派,善于联系群众,群众也把他们当成知己,有事愿意找他们;他们办事公道,敢于坚持原则,敢于同不良现象作斗争;他们责任心强,任劳任怨;不少退休人员谢绝外单位的高薪聘请,甘心为街道居民工作贡献"余热",因而得到广大居民群众的支持和拥护。

全市各居民委员会在广大街道积极分子的努力下,在发动和组织搞好安全防范,维护社会治安,帮助、教育、挽救失足青少年,调解民事纠纷,防止矛盾激化,增进人民内部团结,组织校外教育活动,开展法制宣传,帮助待业青年,特别是帮助总结曾经违法犯罪而已经有所改悔的青年解决就业问题,共建文明街道,评选"五好家庭",转变社会风气等方面,做了大量的工作,在社会治安综合治理中发挥了重要的作用。几年来,市、区、街道各级先进居委会不断增多,先进个人大量涌现。1983年全市评选出居民委员会先进集体110个。

目前,在居委会成员中,上年岁的家庭妇女还占有相当大的比重,其中不少人是建国以来就做街道工作的。她们工作热情高,责任心强,但由于没有文化,工作上越来越感到困难,适应不了现在居民中退休职工、青年职工日益增多的新情况;有的居民委员会成员年龄过大,或者体弱多病,不能继续坚持工作;有的家中有病人、孩子拖累,确实难以脱身。这些都影响居委会工作的开展,需要调整和补充。

吸收退休的干部和职工参加居委会的工作,是加强居委会工作的一项重要措施。由于退休干部、职工有文化,具有工作经验,把他们选入居委会,充分发挥他们的作用,就可以使居委会的工作更好地适应今天已经变化了的居民构成情况,给居委会的工作带来新的活力,更加充分地发挥这一群众性自治组织在管理社会生活、维护社会治安方面的作用。今后,应不断扩大退休干部、职工在居委会成员中的比例。

为了加强基层工作,今后还可以考虑适当下放一批在职干部、职工做居民委员会的工作。

居委会的工作范围很广,没有一定的政策、法律和有关的业务知识储备是做不好的。因此,在健全居委会组织的同时,还应注意做好队伍的培训工作,以不断提高这支基层群众工作队伍的素质,更好地发挥他们的作用。

四、街道办事处对居民委员会工作的指导问题

街道办事处是区政府的派出机关,负责指导居民委员会的工作。加强街道办事处对居委会工作的指导,是做好居委会工作的一项重要的组织保证。北京市每个街道办事处都配备管理居委会工作的专职干部。他们与派出所管片民警、司法助理员互相配合,指导居委会有关治保、调解方面的工作。事实证明,市、区一些先进居委会,都是同街道管片干部的积极工作分不开的。但是,从目前总的情况看,街道办事处对居委会工作的指导还是比较弱的。原因是:

1.街道管片干部数量少。一般是1个街道干部管2~3个居委会,有的管的更多,甚至有管6个居委会的。1个街道干部管上千户,甚至几千户居民,困难是显而易见的。有的街道管片干部实际上只是起着联络员、通讯员的作用。

2.街道管片干部质量弱。街道办事处一般都是把较强的干部派去管企业(联社、劳动服务公司),而把较弱的安排做居委会的工作。再有就是新干部、年轻的多,缺乏应有的业务知识;有的不安心街道工作。

3.街道办事处任务繁多,负担重,再加上办事处机关化,分工较细,力量分散,因而削弱了对居委会的指导。

根据《城市街道办事处组织条例》的规定和多年的实践经验,街道办事处的主要任务应当是管好居民工作。因此,为了加强街道办事处对居委会工作的指导,加强基层第一线的工作,最好1个居委会配备1名街道干部。街道管片干部的工作方式也可以有所改变。是否可以规定每周至少要有三分之二的时间在居委会办公。另外,还要搞好街道管片干部的培训工作,不断提高他们的思想和业务水平。至于街道管片干部到底管什么,如何管法,以及与有关各职责分工问题,需要通过总结经验,认真研究解决。

五、居民委员会的公杂费和居民委员会成员的经济补贴问题

目前,北京市居民委员会的公杂费是每月2元(包括报纸、煤火费等)。居委会干部都反映这点钱太少,不够用。为了保证居委会日常工作的顺利进行,可以考虑给居委会适当增加一些公杂费。

关于居委会成员的经济补贴,现行的办法是,居委会主任、副主任每人每月有35元的经济补贴,其他委员则一文没有。这样难免影响其他委员的工作积极性,以致有的居委会的工作实际上只好由几个主任干。为了调动全体委员的工作积极性,不少居委会采取了这样的做法,即主任、副主任每人每月只

拿 25 元,剩下的钱作为其他委员半年和年终评奖用。这样做对于缓和矛盾虽然起了一定的作用,但是毕竟不符合规定,况且用牺牲居委会主要干部利益的办法来解决这个问题,也非妥善之策。看来,对居委会其他委员,除精神鼓励外,也可以考虑给予一定数量的经济补贴,以利于工作的开展。

【选自《中国政法大学学报》1984 年第 2 期,作者张凤桐】

杭州市上城区涌金街道办事处机关工作人员守则①

（草案）

一、自觉加强学习，不断提高政治觉悟和理论水平，树立全心全意为人民服务的思想。

二、认真贯彻执行党的路线、方针和政策，坚持党的四项基本原则，在政治上同党中央保持一致。

三、热爱本职，钻研业务，办事认真，勇于创新，提高工作效率，努力完成各项工作任务。

四、深入基层，调查研究，联系群众，帮助群众解决实际问题。

五、树立全局观念，自觉服从领导，严格执行上级机关的政策和本街道的有关规定。

六、加强组织纪律性，自觉遵守各项规章制度，工作时间不办私事，不无故迟到早退，有事请假。

七、坚持正义，扶正祛邪，不谋私利，不行贿受贿，自觉接受群众的监督，积极开展批评和自我批评。

八、坚持实事求是原则，不弄虚作假，不瞒上欺下，说老实话，办老实事，做老实人。

九、同志之间和部门之间互相关心，互相帮助，不犯自由主义②，自觉维护革命团结，做团结的促进派。

十、办事公道，不徇私情，说话和气，礼貌待人。

以上各条，自公布之日起认真执行，领导带头，互相督促，季度检查，年终评比。

1984 年 5 月 25 日

【由杭州市上城区档案馆提供】

---

① 原文标题为《街道办事处机关工作人员守则》。

② 自由主义：革命队伍中的一种错误的思想作风，主要表现是缺乏原则性，无组织，无纪律，过分强调个人利益等。——编者注

居民委员会、村民委员会的性质和作用

　　新宪法对居民委员会、村民委员会(以下简称居委会和村委会)作了专条规定,为加强这两个组织的建设提供了法律依据。充分发挥居委会和村委会的作用,对于进一步发扬和健全社会主义民主,完善社会主义法制,巩固和加强人民民主专政,有重要意义。

　　一、居委会和村委会的性质

　　新宪法规定:居委会和村委会是基层群众性自治组织。

　　所谓自治,是指在国家和社会生活中,公民在党的领导下,在法律政策规定的范围内,由自己来管理国家委托的社会的公共事务。在日常生活中,有些事情往往不是直接依靠法律或行政机关能够解决的。群众自我管理的自治,不仅可以弥补单纯依靠法律或行政机关进行管理的不足,而且能收到更为理想的效果。

　　建国初期,分散的、独立的、专管一个方面工作的群众性自治组织,就是实行群众自治的良好组织形式。在总结群众性自治经验的基础上,1952 年 6 月政务院批准了《治安保卫委员会暂行组织条例》,条例明确规定:"治安保卫委员会是群众性的治安保卫组织,在基层政府和公安保卫机关领导下负责进行工作。"它是发动群众,协助人民政府防奸、防谍、防盗、防火、肃清反革命活动、保卫国家治安的群众性组织。1954 年 2 月政务院又批准公布了《人民调解委员会暂行组织通则》,其中规定:"调解委员会是群众性的调解组织,在基层人民政府与基层人民法院指导下进行工作。"建立调解组织的目的,是及时解决民间纠纷,加强人民中的爱国守法教育,增进人民内部团结,以利于人民生产和国家建设。调解委员会的任务为调解民间一般民事纠纷与轻微刑事案件,并通过调解进行政策法令的宣传教育。

　　1954 年 12 月第一届全国人民代表大会常务委员会第四次会议通过的《城市居民委员会组织条例》规定:"为了加强城市中街道居民的组织和工作,增进居民的公共福利,在市辖区、不设区的市的人民委员会或者它的派出机关指导下,可以按照居住地区成立居民委员会。"

居民委员会是群众性的居民组织。在居民较少的地方,居民委员会下,一般不设工作委员会;在居民较多的地方,因工作需要,并经市人民委员会批准,可以设立常设的或者临时的工作委员会,在居民委员会的统一领导下进行工作。常设工作委员会一般有社会福利(包括优抚)、治安保卫、文教卫生、调解、妇女等几个委员会。居委会的建立,有利于基层政府或它的派出机构街道办事处通过居委会发动和组织群众去完成党和国家委托办理的各项任务;同时也有利于居民依靠自己的力量和政府的支持,兴办公共福利事业,解决居民在生产、生活和学习等方面的问题。

在林彪、"四人帮"肆虐的十年动乱期间,社会主义民主和法制遭到践踏和破坏,作为实现人民民主的群众性自治组织也遭到严重摧残。粉碎"四人帮"以后,特别是党的十一届三中全会以来,在贯彻拨乱反正的方针和政策过程中,群众性自治组织才得到了恢复和发展。在总结了长期以来实行群众自治的经验教训的基础上,为了很好适应新历史时期的需要,新宪法在第一百一十一条中明确规定:"城市和农村按居民居住地区设立的居民委员会或者村民委员会是基层群众性自治组织。"这项规定,具有重大的意义。国家对基层群众性自治组织的确认,从一般法律地位提到了最高法律地位的高度,标志着群众直接参加国家管理和社会管理的群众性自治组织已经发展到了一个新的阶段。国家以具有最高法律效力的宪法,作为促进居委会和村委会进一步发展的法律基础和保障,将进一步加强基层政权和人民群众的直接联系,成为改进基层政权工作的重要措施,保证各族人民在党和城乡各级政权组织的领导下行使当家作主的权利,调动广大人民建设社会主义的积极性、主动性和创造性,加快我国四化建设的进程。

二、居委会和村委会的任务

新宪法第一百一十一条第二款规定:"办理本居住地区的公共事务和公益事业,调解民间纠纷,协助维护社会治安,并且向人民政府反映群众的意见、要求和提出建议。"这就是居委会和村委会的任务。

居委会、村委会的第一项任务就是办理本居住地区的公共事务和公益事业。当前主要是兴办"三站":服务站、文化站、红医站;"两代":代营食堂、商业代销点;"一所":托儿所。其他还办很多事情,例如建立集体所有制的福利工厂、安置待业青年、拥军优属、社会救济、园林绿化、防病、除害、照顾孤寡老人、环境卫生、计划生育、人口普查等,涉及社会生活的许多方面。

　　居委会组织社会力量兴办小型、分散的集体所有制的福利工厂和社会福利事业,投资少、收效快、容人多,便于就近安排,照顾左邻右舍,在相当大的程度上解决了社会上"有些事没人干、有些人没事干、国家没力量办"的矛盾。实际上,经过群众组织活动,这些事情办起来并不困难,办了这些事群众感到很方便。北京市崇文区花庄子居委会兴办的公共事务和公益事业就是一例。在1981年,他们组织待业青年自己动手办起了存车处、轮胎修理部、4个商业服务点,使121名青年有了工作。为了挽救失足青年,除了做好思想工作以外,还安排他们参加居委会兴办的企业,解决他们的就业问题,他们办起了"青年之家",组织青少年参加有益于他们身心健康的文化娱乐活动;建立了"支前小组",为双职工看家、教育子女、做家务劳动,解除他们的后顾之忧。为了解决双职工子女吃午饭的问题,办起了"小饭桌";兴办"敬老园",使退休老人能够欢度晚年。他们修了6个集体花池以美化环境;铺水泥路面1400米,解决了居民行路难的问题。居委会通过这些活动,部分地解决了就业问题,使"五讲四美"落到了实处。

　　居委会、村委会的第二项任务是调解民间纠纷。民间纠纷由群众自己解决,是我国劳动人民的一个优良传统。从1941年到1949年,我们党所领导的许多革命根据地、解放区的政府,都发布过有关人民调解工作的指示。当时的人民调解工作,对增强人民内部团结、巩固革命根据地、夺取革命战争的胜利,发挥了积极作用。建国以来,人民调解工作又有了新的发展。按新宪法的规定,居委会和村委会内部将设立一个人民调解委员会。人民调解委员会是我国人民在长期实践中创造的,通过批语和自我批评的办法,由人民群众进行自我教育、自我解决纠纷的群众性自治组织。调解工作是人民当家作主、自我教育、自我管理的民主生活形式,也是实行社会主义直接民主的重要组成部分,是解决人民内部矛盾最有效的组织形式。它的作用,主要表现在以下四点:

　　第一,由于人民调解委员会委员来自群众,他们对居民情况了如指掌,这就便于把纠纷和矛盾消灭在萌芽状态,解决在基层。

　　第二,由于调解委员经常和群众往来,最了解当事人的性格和思想状况,易于用一把钥匙开一把锁,当事人易于接受调解、达成协议。

　　第三,由于人民调解委员会是一个集体,有利于发挥集体智慧,使疑难、复杂的纠纷容易得到解决。

　　第四,由于人民调解委员会设在当地居民区内,最便利于群众就近解决纠纷,对避免群众因解决纠纷而造成人力、物力和时间上的不必要的耗费,大有好处,既利于工作,也利于生产建设。

据 1981 年的统计,全国有调解组织 81 万多个,调解人员 575 万多人。据部分省、市、自治区的不完全统计,1980 年共调解纠纷 612 万件,相当于同期基层法院受理一审民事案件数量的 10.8 倍。由于及时调解民间纠纷,许多人避免了非正常死亡,同时挽救了一批将要走上犯罪道路的人。这对于维护社会治安起了积极作用。北京市顺义县调解组织在 1981 年 1 月至 11 月,解决民事纠纷 5700 余件,相当于该县法院同期受理的一审民事案件的 18.2 倍。大量纠纷及时解决在基层,这不仅大大减轻了法院的收案量和审判工作压力,又有利于提高办案质量,而且避免了矛盾激化,及时防止了一些凶杀、恶性案件。因此,群众热情称颂人民调解组织是"调解千家事,温暖万人心"。

居委会、村委会的第三项任务就是协助政府和公安机关维护社会治安。每个居委会、村委会里都设有治安保卫委员会。治安保卫委员会是群众性的治安保卫组织,在基层政府和公安保卫机关领导下负责进行工作。治安保卫委员会的具体任务主要是:密切联系群众,对群众经常进行防奸、防谍、防火、防盗与镇压反革命活动的宣传教育,以提高群众的政治警惕性,组织、领导群众协助政府、公安机关检举、监督和管制反革命分子,以严防反革命的破坏活动;发动群众制定执行防奸的爱国公约,维护社会治安等。要维护社会治安必须依靠全社会的力量,实行专门机关和群众相结合这个行之有效的原则。群众性的治安保卫组织是协助政府维护社会治安的有力助手。近年来,党中央和中央领导同志在关于搞好综合治理、整顿社会治安的指示中多次强调指出:健全基层组织,包括城市居民委员会和它的治安保卫委员会、调解委员会。要恢复和加强基层工作、基础工作。当前,我们在打击严重刑事犯罪分子、整顿城市社会治安工作,更需要依靠群众和基层社会组织。严重危害社会治安的刑事犯罪分子和反革命分子总是在一定的社会条件中活动和作案的。对于社会上有哪些犯罪团伙,他们干了些什么勾当,头头是谁,广大群众和治安积极分子是相当清楚的,他们再隐蔽也逃不过群众的监督。把广大居民和村民发动起来,大家都来检举、揭发、管制破坏社会治安的犯罪分子,就会使这些犯罪分子难逃人民的法网。当前危害社会治安事件的特点之一,就是青少年犯罪占了很大的比重。要挽救这些青少年,化消极因素为积极因素,除了公安局、法院要进行工作之外,也必须依靠居民委员会、村民委员会、治保委员会等基层群众自治组织,来对这些人进行教育、监督改造,配合政府帮助那些犯过错误而已经有所改悔的青年解决就业问题。

居委会、村委会的第四项任务就是向人民政府反映群众的意见、要求和提出建议。居委会、村委会是协助政府管理本地区社会事务、加强政府同群众联系的桥梁和纽带。由于居委会和村委会的干部是群众通过选举产生的,有深厚的群众基础,同群众有直接的联系,所以,通过他们反映群众的意见及时、直接,对于政府制订方针、政策,解决群众的实际困难,提高工作效率,有很大的意义。根据这些建议来解决矛盾,能使群众感到亲切和心悦诚服。

在建国以来的相当长的时期内,村委会在农村没有建立。粉碎"四人帮"以后,特别是在十一届三中全会以后,我国农村零星地建立了一些类似村委会的组织。在总结老解放区和建国初期建立群众性自治组织经验教训的基础上,新宪法规定在农村要建立村民委员会。从宪法条文看,村委会和居委会的性质和任务相同,但是村委会具有农村的特点。它的主要工作对象是农民。目前,各地村委会纷纷通过制定"乡规民约"对本村的各项工作进行管理。"乡规民约"是群众进行自我教育和自我管理的有效方法。通过制定"乡规民约",群众提出明确的、自我约束的行为准则,订出人人必须遵守的纪律,自己教育自己,自己管理自己,形成社会舆论和共同遵守的行为规范,使干部敢管,众人敢管。村委会通过发动群众普遍制定"乡规民约",对于形成和发扬社会主义道德风尚,改革旧的风俗习惯,改善居住环境,促进社会风气的根本转变和新生事物的成长,开创社会主义建设的新局面,都起着很好的作用。这也是推动农村社会主义精神文明建设经常化、制度化的有效措施。例如山东邹县的"乡规民约"可概括为"十提倡、十反对":提倡劳动致富、集体致富,反对搞歪门邪道;提倡五讲四美,反对伤风败俗;提倡学政治、学科学、学文化,反对搞封建迷信;提倡勤俭节约,反对铺张浪费;提倡爱社会主义、爱国家、爱集体,反对损公肥私;提倡有益的文娱活动,反对赌博和说唱坏书坏戏;提倡晚婚节育,反对盲目生育;提倡婚姻自主,反对包办、买卖婚姻;提倡火葬,反对旧葬旧俗;提倡尊老爱幼、团结和睦,反对打架斗殴、寻衅闹事。"乡规民约"的内容切合实际,好学易懂,深受群众的欢迎。

三、居委会、村委会同基层政权的相互关系

新宪法规定:"居民委员会、村民委员会同基层政权的相互关系由法律规定。"从过去公布的几个条例来看,除了治保委员会同基层政府和公安机关的关系是领导与被领导关系以外,基层人民政府(包括它的派出机构街道办事处)、基层人民法院同居民委员会都是指导与被指导关系。《城市居民委员会

组织条例》规定："市、市辖区的人民委员会的工作部门和其他机关,如果必须向居民委员会或者它的工作委员会布置任务,应当经市、市辖区的人民委员会批准统一布置。市、市辖区的人民委员会的工作部门,可以对居民委员会有关的工作委员会进行业务指导。"它的基本精神是要发挥两个积极性:既要发挥基层政权的积极性,又要发挥群众性自治组织的积极性,把两者的工作协调起来,使两者相辅相成、相得益彰。把实行直接民主的优越性和实行间接民主的优越性有机地结合起来,是正确处理基层政权和群众性自治组织相互关系的指导原则,这也是长期以来处理这种关系的经验的总结。今年还必须坚持这个原则,使居民委员会和村民委员会真正发挥它的基层群众性自治组织的作用。

【选自《政治与法律》1984 年第 3 期,作者方敬、熊同】

杭州市上城区湖滨街道总结居委会办企业的情况①

　　过去居民区办企业,人财物都由街道集中管理。湖滨街道在 1980 年到 1981 年间,先后将居民区企业的权力下放,由居委会自立银行账户,设置财会,进行直接管理。最近,湖滨街道回顾总结了三年来居民区办企业的情况,认为这一办法对加强居民干部当家理财的责任心、搞活居民区的经济、促进居民区各项工作的开展,起了一定的积极作用。

　　在街道集中管理时,居委会对企业的财务、盈亏心中无数,对经营好坏也不感兴趣,"反正办好办坏都是街道的,钱赚得再多,居委会也不能用",压抑了居民干部办好企业的积极性。现在由居委会管企业,街道商业和劳动服务公司进行业务指导,督促检查经营方向、帮助建立健全规章制度,收交审查财务报表。这样居委会对企业的人员进出、资金周转、商品供销等,都有主动权,居民干部说:"我们看得见,管得着,企业盈亏一目了然,有了问题能及时发觉并采取措施。"全街道有 50 家居民区办的企业,1980 年销售加工收入 51 万元,1983 年上升到 277 万元;企业盈利也从 1980 年的 45000 元增加到 1983 年的 22 万元。家家有盈余和积累,居民区也开始富起来了。如解放路、岳王路、吴山路、邮电路等 13 个居委会,现有积累都在 2 万元以上,最少的也有 2000 多元。

　　居委会办企业有了一点钱,就可以补贴居民干部津贴费的不足,发一点年终奖励,可以为搞文明卫生居民区,绿化美化环境,举办托儿所、文化室,慰问烈军属、五保户等活动,补充一些经费,有利于各项工作的开展。

　　湖滨街道在这次回顾总结中,也看到居委会管企业的一些问题,如解放路居委会的银行账户,曾被人利用签订非法合同,造成了损失,是有教训的,街道要继续加强指导、督促;全街道 21 个居民区办企业的情况不平衡,个别居民区一直上不去,街道准备设法给以必要的扶持,使居民区的企业也能越办越好,

---

　　①　原文标题为《湖滨街道总结居委会办企业的情况》。

促进居民区其他工作更上一层楼。

（选自《上城简报》第 72 期　上城区委办公室、上城区府办公室　1984 年 8 月 18 日）

【由杭州市上城区档案馆提供】

南京市关于调整居民委员会正副主任生活
补贴、福利待遇及经费开支的通知

为进一步调动居民干部的积极性,更好地促进文明居委会建设,现对居民委员会正副主任生活补贴、福利待遇及经费开支作如下调整。

一、生产补贴及福利待遇

1. 担任居委会正副主任连续 20 年以上(含 20 年)的,每月补贴 40 元;满 10 年不满 20 年的,每月补贴 36 元;10 年以下的,每月补贴 32 元。每人每月有物价补贴 5 元。

年满 65 周岁,或因病经区级以上医院证明不能继续工作,本人连续担任居民委员会正副主任满 10 年的,可以申请保养。经批准后发给保养证,领取保养费,标准为:连续担任居委会正副主任满 20 年的,每月 32 元;满 15 年不满 20 年的,每月 28 元;满 10 年不满 15 年的,每月 24 元。凡未到保养年限,因病不能继续工作,经区政府批准,连续任职满 5 年不满 10 年的,每月发给生活补助费 20 元;不足 5 年的,按 1 年发给 1 个月生活补贴的办法,给予一次性补助。无论任职或保养期间,工伤和疾病医疗费用,参照街镇企业有关规定给予补助;因病死亡,按原生活补贴标准发给 3 个月的丧葬补助费。

2. 从街道企业、居委会办的生产服务单位到居委会担任正副主任的,仍在原单位领取工资,并享受单位职工的同等福利待遇。如其工资低于 32 元的,可按本条第一款规定分别予以补足。

3. 退休人员担任居委会正副主任的,由补足原工资改为每月补贴 20 至 25 元;其退休工资(包括物价补贴)、医疗费、丧葬费仍由原单位发给。

4. 对已享受保养的居委会正副主任,本规定下达后,按新标准执行,过去差额不补。

二、经费来源

1. 市财政每年增拨 20 万元作为添补居委会正常经费和奖励金等,包干使用。居委会正常经费每月按 100 元标准拨给。新建居委会发 300 元开办费,由市民政局从市财政增拨经费中支付。

2.居委会正常经费不足部分,由各区按照市人民政府宁府张字〔1983〕398号文件规定执行。

3.凡经市人民政府批准的厂矿企业居委会,其正副主任的生活补贴和福利待遇,以及办公经费,可参照本规定,由单位负责解决。

4.五县亦可参照本规定,结合本地情况制定实施办法。所需经费由各县自行解决。

本规定自 9 月 1 日起实行。

南京市人民政府

1984 年 9 月 1 日

全国城市居民委员会达 69000 多个①

　　《城市居民委员会组织条例》自颁布到今年 12 月 31 日已经 30 年了。实践证明,这个条例对居民委员会的建设发挥了巨大作用。目前全国已建立居民委员会 69000 多个,拥有干部 463000 多人。

　　根据 1954 年第一届全国人大常委会第四次会议通过的《城市居民委员会组织条例》和 1982 年第五届全国人大第五次会议通过的《中华人民共和国宪法》的规定,居民委员会的主要任务是:办理本居住地区的公共事务和公益事业,调解民间纠纷,协助维护社会治安,向人民政府反映群众的意见、要求和建议等。20 世纪 50 年代中期至 20 世纪 60 年代初期,我国城市治安的良好状况,爱国卫生运动的发展,城镇居民中文盲的脱盲,广大妇女走出家门参加社会活动,这些都是与居委会这个群众性自治组织及其工作人员的辛勤劳动分不开的。那时白手起家,在一间小屋里办起的街道联社,现在大部分已经成为初具规模、在经济建设中发挥重要作用的集体企业;当初只字不识的家庭妇女,后来成为厂长、经理的也大有人在。

　　党的十一届三中全会后,随着全党全国工作重点的转移,许多居委会扩大视野,开拓工作面,创造性地完成工作任务。北京市 2680 多个居委会目前已普遍增设了福利工作委员会,开展社会救济和福利工作,对孤寡老人和病残人的衣、食、住、行、医等实行综合服务;帮助和组织有劳动能力的残疾人参加工作,逐步改善他们的生活;举办托儿所,开设小饭桌,建立小学生课外辅导站,成立生活服务站等,以方便群众生活。广州市 1000 多个居委会绝大多数都开展生产性的活动,帮助安置无业居民就业,并用生产活动获得的收入兴办社会福利事业,增设青少年和老人娱乐场所,美化居住环境等。还有众多的居委会创造了"看门护院"队、"帮教小组""文明卫生巷"等行之有效的形式,以维护社会治安,教育青少年和开展爱国卫生运动。

　　近年来离休、退休的干部,职工越来越多地参加居委会工作,使居委会工

---

　　① 　原文标题为《办理公共事务　调解民间纠纷　协助维护治安　全国城市居民委员会已达 69000 多个》。

作充满了活力。民政部最近一份统计数字表明,居委会干部中的离、退休人员所占比例,已经与家庭妇女所占比例十分接近,正在改变过去那种几乎由居民(多数是家庭妇女)独占居委会的局面,这就提高了居委会干部的素质。

记者在采访中也了解到,目前居委会工作中也存在一些问题,如管辖范围太大,有的省、市居委会平均管理人口都有 1000 至 1500 户居民,开展活动很不方便。此外,现在许多单位和部门纷纷给居委会下达任务,有的要求限期完成。一般居委会的日常任务就有二三十项,多达七八十项,而且几乎都要报表,使居委会干部难以应付。

【选自《人民日报》1984 年 12 月 31 日】

1985

陈丕显、崔乃夫同志关于做好基层政权建设工作的讲话①

　　1月29日，全国人大常委会副委员长、中共中央书记处书记、中央政法委员会书记陈丕显同志会见了参加全国政法工作会议的各省、自治区、直辖市民政厅局长，并做了重要讲话。同天下午，崔乃夫部长也做了重要讲话。现将他们关于做好基层政权建设工作的部分讲话刊登如下，望认真学习，贯彻执行。

民政部门要认真做好基层政权建设工作

　　陈丕显同志说：民政部门确实是一个非常重要的部门，要实现社会治安的根本好转，缺不了民政部门。报告中专门讲了民政部门的任务，对这个任务大家认识统一了，不仅你们满意了，同志们的认识也会提高一步。你们很辛苦，要加强这方面的工作。

　　从政法方面讲，你们的任务很重。最大的一个问题，就是党中央、国务院把基层政权工作委托给民政部门来抓，来管理（崔乃夫插话：基层政权的日常事务，做参谋和助手），参谋也不是一般的参谋，全国把政社分开，这个工作就是委托给民政部门，还有一个选举问题（崔乃夫：我们不管了，人大常委会管），你们一点不管也不对，在下边还是你们管这个，湖北省就管这个。报纸上讲基础，全国乡 84000 多个，镇 7200 多个（刘复之：村 82 万多个）。随着经济的发展，镇政权现在看涨，这是用做生意的话来讲，好多地方的乡已成为镇，这是大改，这是好事。也有些乡既是乡又是镇（崔乃夫：现在是成建制的由乡改镇），镇过去大概是这个东西，在一个范围里，它是经济、文化中心，不仅包括工业，也包括商业。镇还要发展，但也不要没有条件就发展，要有具体内容才能改镇，不是一下子统统改成镇。改革不要违背客观规律。过去是区政府地，区政府所在地就是一个镇，几百户，千把户，有商店，有手工业工厂，有加工厂，讲四化，搞四化，镇要研究。

---

　　①　原文标题为《民政部门要认真做好基层政权建设工作》。

陈丕显同志还说：一个镇的工作搞好了，一个乡的工作搞好了，我讲的是各个方面，比如经济、人民生活、学校、文化站，还有82万多个村民委员会。我们不仅要注意经济、文化，也要注意治安，治安工作关系社会的安定。例如84000多个乡，7200个镇，大面积的社会治安搞好了，社会治安也就根本好转了。84000多个乡，7200多个镇的社会治安搞好了，2300多个县，50万至100万人的四五十个城市，北京、上海、天津全国几个最大城市的社会治安也就好办了。只要把乡、镇政权工作搞好了，治安等各方面的工作搞好了，各个省、市的治安工作才能搞好。我看现在民政部门的任务加重了。乡的工作可不简单，麻雀虽小，肝胆俱全。搞得好的，一个乡一个镇都很高。乡工作可以搞得好。所以，希望各位不要以为民政部门总是老三老四老五，不是的，地位非常重要。你们工作搞好了，整个国家工作就搞好了，政法工作也就搞好了（崔乃夫：现在基层政权建设工作没有人）。这个问题，我们谈话以后，要研究一下。各个地方都重视这个问题，党委要重视。

要下决心做好基层政权建设工作

崔乃夫同志说：大家关心的问题，人的问题，丕显同志讲了，已经明确了。民政部门为什么要编制？一是我们人少，全系统只有七万多人；二是我们增加了基层政权建设和参加综合治理的任务。耀邦同志讲，社会治安好转要靠两手：一是严厉打击刑事犯罪分子；另一手是综合治理。加强基层政权建设和村民委员会、居民委员会建设，是综合治理的重要内容。如果乡政府、村民委员会很健全，就可以将不安定的因素消灭在基层，把犯罪分子置于广大群众的监督之下。

城市基层政权放在哪儿，各地有不同看法，不少地方认为城市基层政权大了。为此，去年我曾向彭真同志写了一个报告，提出城市基层政权放在街道，并建议在部分城市试点。彭真同志批示组织专家论证，据说专家们同意我们的意见。但这涉及立法，要待人大明确态度后才好行动。

我着重讲两个问题：一是基层政权建设，要下决心干，不能再动摇了。这方面我们有责任，思想不够解放，决心也不大。二是编制没有解决，这也是一个因素。今天丕显同志讲了，把问题讲透了。基层政权建设是全国大事，是党中央、国务院交给我们的工作，从大局出发，一定要搞好。就民政工作本身讲，我们的工作对象和工作任务都在基层，不把基层政权搞好也不行。这是一项推动全局的工作，你们回去后要下决心干，不要再三心二意了，否则我们在政府工作中排不上队,也很难与政法战线其他兄弟部门合拍。转型是综合治理。我们要在这方面积极做出贡献。我们要深入调查研究,写出材料。要答复一个问题:为什么有的乡,有的村没有发案或发案率很低,它同基层政权建设和村民委员会的工作有什么关系?你们回去后抓紧作调查,拿出有说服力的材料。这也就是宣传。我们一定要在综合治理工作中做出贡献。

【选自《城乡基层政权建设工作简报》第七期(总第 107 期) 1985 年 2 月 7 日】

杭州市上城区关于环境卫生，市政绿化管理员统一由街道办事处领导管理的通知①

上政〔1985〕33 号

各街道办事处、区城建委及环卫所、市政队：

为了有利于加强城市管理，集中使用力量搞好辖区内的环境卫生、市政绿化工作，区政府研究决定，从今年 4 月 1 日起，将环境卫生和市政绿化管理员由各街道办事处统一领导，并由环境卫生管理员、市政绿化管理员的在编单位即区环卫所、区市政队按每人每月 100 元的经费额度拨到所在街道，用作管理员的工资、奖金、津贴，由街道办事处统一发给。管理员的编制不动，劳保待遇不变，并由在编单位负责。

环境卫生管理员、市政绿化管理员划归街道办事处统一领导以后，应开始安排好他们的工作和学习，在政治上、生活上给予热情的关心，以调动他们的积极性。同时，也要妥善处理与环卫所、市政队的关系，加强联系，相互支持，搞好协作，使条条和块块的工作都能搞上去。

杭州市上城区人民政府

1985 年 3 月 13 日

【由杭州市上城区档案馆提供】

---

① 原文标题为《关于环境卫生，市政绿化管理员统一由街道办事处领导管理的通知》。

杭州市上城区城站街道关于加强居民委员会建设的十条工作意见(试行稿)①

城办〔1985〕16 号

根据《中华人民共和国宪法》第一百一十一条和《城市居民委员会组织条例》的规定,结合市、区人民政府有关意见,对居民委员会建设提出如下十条工作意见。

一、组织机构

城市居民委员会是按居民居住地区设立的基层群众性自治组织,它在街道办事处指导下,办理本居住地区的公共事务和公益事业,调解民间纠纷,协助维护社会治安,向人民政府反映群众的意见、要求和提出建议。为便于工作,下设六大工作委员会:

调解委员会,治保委员会,卫生委员会,民政福利委员会,妇代会,退休工人委员会。

居民行政小组在居民委员会领导下,开展工作。

在居民委员会领导下,还可设立青少年教育领导小组、文化室、红十字会等组织。

按居民区建立党支部。

二、干部设置

居委会由委员若干人组织(由每个行政小组长担任)。委员中互推主任1人,副主任若干人,委员担任正副主任时,可以另选组长1人。

各工作委员会由若干各委员组成(治保、卫生人数可多一些,原则上每行政小组1人),主任由居委会正副主任兼任,可另选工作委员会副主任1至2名。

---

① 原文标题为《关于加强居民委员会建设的十条工作意见(试行稿)》。

行政小组设组长 1 人,副组长 1 至 3 人。

居民区党支部书记,原则上兼任居委会主任或副主任。

居委会 2 年改选一次。连选可连任。因故缺额,可随缺随补,工作不能胜任可随时调换。

居委会正副主任在选举或推荐基础上,报街道党委批准,然后张榜公布。

居民干部的来源,主要是在居民区的退、离休干部、工人和其他居民群众中产生。

三、干部待遇

政治待遇:居委会委员,各工作委员会委员、行政小组正副组长,可参加街道组织的有关会议,听取传达有关文件,可参加居委会、工作委员会,行政小组召开的有关会议,研究工作,决定职权范围内的有关工作意见。

经济待遇:居委会的正副主任,每月生活补贴 25 元。街道每月下拨生活补贴和办公费 100 元,由居委会使用,不足部分由居委会从收取的管理费中补足。此外,实行与社会效益、经济效益挂钩的浮动资金(奖金率原则上确定人均月奖额,除以上年利润实绩,等于本年度月奖金率,每年核算一次奖金率)。上不封顶下保最低 5 元。凡评上五好居民区的,再增加 20%,下保最低 6 元。月奖需按月造册报街道行政办公室审核。工作委员会副主任和行政小组长不享受固定补贴,每季度一次 9 至 12 元左右的奖金。奖金分一、二、三等,不出来工作的不给奖。对生活确有困难或生病住院的小组长以上干部,由居委会或街道给予临时性一次补助。

居委会正副主任以上干部春节或生病住院期间,由党委办公室负责带头探望慰问。其他干部由居委会探望慰问。

居委会正副主任离任时,由居委会负责开欢送会,无退休工资收入的,干部享受每月 20 元生活补贴,另加 8 元物价补贴。有退休工资的由街道买 10 至 20 元纪念品赠送。其他干部离任时,由居委会开欢送会,发点纪念品,不予长期补贴。未经批准擅自离任的,不享受生活补贴,不发纪念品。对所有离任干部,街道和居委会要继续在政治上爱护、生活上关心。

四、主要工作

根据精神、物质两个文明一起抓的原则,居委会的日常工作,要认真抓好三支队伍的建设(即居委会干部自身的核心带头作用,退休工人发挥余热作用,墙门代表的基础作用),积极开展"五好"活动(即政治思想工作好,促进安定团结好,里弄文明整洁好,举办公共福利事业好,破旧俗立新风好)。努力争取年利润万元收入。"五好"活动,重点要突出卫生,治安,民政福利三项工作。要以创建"五好墙门","文明卫生楼群","五好家庭"为立足点,抓好基础工作。

居委会要根据街道办事处的指导,安排工作计划,及时向办事处汇报工作情况。

五、关于"五好文明居民区"的验收标准

"五好"活动评比的具体指标,按上城区人民政府〔1983〕39号文件执行,为确保"五好文明居民区"的质量,便于掌握标准和验收,除区政府〔1983〕39号文件规定外,根据我街道实际,再作如下六条补充:

(1)五好家庭达到50%,五好墙门达到70%;

(2)卫生工作要经区验收合格;

(3)民政优抚工作要坚持"四定"一条龙服务;

(4)要有固定开放的文化室;

(5)集体经济年利润收入1万元以上;

(6)居民干部、退休工人、墙门代表三支队伍组织健全,能团结一致积极开展工作。

以上标准如与区政府新标准有矛盾,以区政府新标准为准。

六、关于自主权

根据居委会是"基层群众性自治组织"的组织性质和条块结合、块块管理为主的精神,对以下人、财、物等方面有自主权。

人事管理:除居委会正副主任、党支部书记由街道党委审批外,其余干部任免使用均由居委会讨论决定。居委会的文书、会计、出纳及企业负责人的任免,职工的聘用、辞退,也由居委会决定。里弄保洁员归居委会卫生工作委员会聘用管理,治安巡回人员由治保委员聘用管理。居委会辖区内的省、市、区、街道所属单位的卫生工作,由卫生工作委员会和街道爱卫会双重监督领导。

财务问题:凡由街道办事处下拨的款项,居民区企业按规定交纳的管理费,税后利润分成,由居委会按关于"居民区财务管理若干规定"的制度权限收取、管理和使用。

上述经费,单项一次性开支在 100 元以上的报街道行政办公室审批。居民区企业生产性开支 200 元以上,非生产性开支 100 元以上,报归口公司审批。

居委会都要设会计、出纳。做到银行单独立户,由自己当家理财。居委会存放在街道办事处、劳动服务公司、商业公司的积累,待居委会银行立户后,全部发归居委会自己管理。

居委会要加强对财务工作的领导,对办公费、管理费、利润分成、卫生保洁费、治安费及其他经费收入,均应统一管理,入账、存入银行,不私设小金库,不用私人名义把公款存银行。要实行全民理财。负责经济的主任要按月负责向居委会报告,居委会自身的财务收支情况和居民区企业的盈亏收支、职工收入等情况,接受居委会和群众的审查监督。

居委会办的一切企业,归居委会所有,从文下达之日起,街道各部门不得任意平调。居委会的办公室,企业房屋及其他固定资产、办公用具、流动资金,归居委会所有,有关部门确需借用,须经居委会同意。居委会不得以任何理由挤占办公室办企业,也不能将空余房屋出租。没有办公室或办公室较小的,要积极创造条件扩大用房。

七、努力办好公共福利事业

"办理有关居民的公共福利事项"是《城市居民委员会组织条例》规定的头条工作任务。居委会必须认真对待,努力办好。要因地制宜地办好和兴办托儿所、幼儿园、家庭服务站,为病人、产妇服务的三轮车或手推车、文化室、红十字会等公共事业,要拨出一部分经费,搞好环境卫生和美化绿化,搞好居民的炉灶改革,使居民群众有个舒适的环境。要经常反映和督促有关部门疏通窨井、窨缸、下水道、化粪池,整修路面,抢修危房等社会公共设施。

要努力办好现有企业,积极兴办新的企业。要挖掘人才,广开财源,为兴办居民福利事项和开展地区性工作,提供经费来源。对经济效益、社会效益显著的企业和有功人员,年终可另给适当奖励,经费可在税后企业留成部分开支。奖励金额办法,报街道主管部门审批。

对居民区企业,从 1985 年起,实行下达利润指标,凡超额完成利润指标的,到年终居委会正副主任可在超额利润中税后提 5‰的超利润奖。

为了精神、物质两个文明一起抓,经济工作由一名主任分管负责,其他干部应抓好各自分管的工作。

八、岗位责任制

居委会和各工作委员会,要根据居委会组织条例和任务,建立岗位责任制。正副主任既要明确分工,做到职责清,任务明,又要互相协作,提高效率。也可分片包干,分段负责,联系到户,下去一把抓,上来再分家。要坚决克服互相扯皮、互相推诿、不负责任。凡属居民区重大工作,要集体讨论,一经决定,狠抓落实。

居委会要每月制订工作计划,召开一次全体会议,贯彻落实。由正副主任汇报和研究工作,居委会实行工作日记制,每月小结工作一次,街道统一检查一次,半年小结初评一次,年终总评。

居委会正副主任要建立办公室轮流值班制度。建立正常的会议、学习、工作、治安巡逻、卫生等制度。

九、表彰先进,奖励先进

为了促进居民区两个文明建设,在加强思想政治工作的同时,除对居民区的集体先进、个人先进表彰外,实施奖励具体规定:

1. 居委会被省、市、区人民政府和街道办事处授予单项集体荣誉称号的,省级奖励200元,市级150元,区级50元,街道级30元。评上"文明居民区"的,市级(另定)、区级500元,街道级250元。

2. 被授予"文明卫生居民区"的,奖金按区政府下拨数执行,经区验收,保持"文明卫生居民区"的按得总分奖励(总分以墙门得分为准)。总分71至80分的,每分奖0.50元,总分在81至90分的,每分奖1元,总分在91分以上的,每分奖1.50元。

(以上1、2两项奖金20%留居委会使用,80%可按贡献大小分发给个人。)

3. 全年安全居民区,年终奖50元。

4. 年终总结评为先进工作者、积极分子、被表扬的,分别给予20元、15元、8元的奖金。

5. 完成大的突击性任务(如抗雪、防台、救灾等),有较大贡献者,给予适当奖励。

6. 凡办企业经济效益、社会效益好的,按第7条规定给予奖励。

7. 有下列情况之一的居委会,不能发当月月度奖:

(1)发生火灾,造成较大损失,重大刑事案件,因斗殴造成严重伤残事故。

(2)卫生检查不合格。

(3)未完成月利润计划,不发当月奖。未完成年利润计划的,不发年终奖。

(4)由于工作责任性的原因,发生其他影响较大的事件,视情况适当扣发个人或集体的当月奖金。

十、加强对居委会工作的指导

居民委员会是城区工作的基础,涉及面广、工作量大、情况复杂,搞好这项工作,对社会后方建设有着重要意义,因此必须加强对它的指导。

街道党委、街道办事处要把居委会的工作作为重要工作,把"五好"活动作为重要内容。深入调查,经常研究,定期检查,及时掌握居委会工作情况,帮助解决工作中出现的问题。街道党委、办事处、派出所对居委会实行分工,负责指导街道、调解、妇代会、民政福利、卫生等组织,分线对居委会实行业务指导。

街道各部门对居委会反映的问题和提出的意见、建议要做到事事有着落,件件有回音;对请示的问题,十天内不予答复或解决,居委会有权自行处理。责任由街道被请示者应答复的部门负责人负责。

以上十条,从 1985 年 4 月 1 日起试行。

城站街道办事处

1985 年 3 月

【由杭州市上城区档案馆提供】

成都市东城区民政局支持居委会发展第三产业

　　成都东城区民政局,积极帮助街道居委会发展第三产业,取得了显著成绩。

　　这个区是个工业区,有 29 个街道办事处,483 个居委会和家属委员会。经过整顿,居委会工作得到进一步加强。为了进一步搞好居委会工作,发挥居委会的作用,东城区民政局在区党政领导下,因地制宜、因陋就简,积极帮助居委会解决资金、场地等具体困难,发展第三产业。去年第四季度,在民政局帮助下,居委会集资办起了街道家庭旅店、幼儿园、饮食、食品加工、修理、运煤、送奶、百货、缝纫、理发等服务性行业 67 个。现已正式营业的 59 个。从业人员 170 人,主要是优抚、救济对象、"四残"人员和待业青年。从去年 12 月份到今年 2 月底止,共收入 145405 元,获纯利润 7449 元,每人每月工资高者为 70 元,最低的也有 30 元。如:十七街居委会附近有汽车中心站,过往人员很多,旅客住宿十分困难。居委会就于去年 11 月开始筹办家庭旅店,共有 51 个床位。12 月开业以来,天天客满。虽然条件简陋,但服务热心、周到,很受旅客欢迎,两个月收入共达 4508 元。有位 80 岁的孤老,居委会在他家办起有 3 个床位的家庭旅店,每月收入 100 多元,给他报酬 60 元,比原先给他的救济款 19 元增加两倍多,他高兴地说:"这一下我想吃鸡、鱼都有钱了,自办起了旅店后,每天还可以听到许多新闻,也不感到寂寞了。"该居委会每月还从积累中拿出 30 元补助费给另一位 80 多岁的孤老救济户,并且还帮助一位盲人办起了个体经营的家庭旅店,有 11 张床位,每月可收入 400 元。另外,他们还从收入中拿出部分资金,解决了居委会必要经费开支,十七街居委会两个月的收入,除去必要的开支外,已积累资金 1000 多元。

　　这个区居委会兴办第三产业发展速度之所以这样快,首先是由于党政领导重视。区政府曾多次专门召开会议,统一部署,并要求政府有关部门积极支持居委会发展第三产业,把它作为 1985 年的一项重要工作来抓。区政府还组织各街道干部到外地参观学习。其次,民政部门具体帮助集资方面的困难,及时解决发展第三产业中存在的问题。

　　【选自《城乡基层政权建设工作简报》第十四期(总第 114 期) 1985 年 4 月 25 日】

锦州市对小城镇建设做出新规定①

小城镇建立以后,如何加快发展速度,使其成为当地经济、文化中心,是需要认真研究和解决的一个重要问题。在这方面,辽宁省锦州市进行了积极的探索。他们以改革的精神,本着简政、放权、让利的原则,对小城镇建设做了若干规定。现将他们的规定予以刊登,并望转发各小城镇供其在今后工作中参考。希望各地切实加强对小城镇工作的领导,注意研究和调整有关发展小城镇的政策,适时召开小城镇工作座谈会议,以便交流工作经验,并解决一些迫切需要解决的问题,以加快小城镇建设步伐。

最近,锦州市委、市政府根据《中共中央关于经济体制改革的决定》和辽宁省委〔1984〕36 号、省政府〔1984〕150 号文件精神,为了给小城镇以充分的活力,加快小城镇建设的步伐,推动城乡两个文明建设,结合该市小城镇建设具体情况,本着简政、放权、让利的原则,对小城镇有关政策做出如下规定。

一、实行城乡结合、条块结合的领导体制,充分发挥镇一级政权的作用

1. 新建制的镇,实行城乡结合、以镇代乡的管理体制,设镇不再设乡。镇既管城镇工作,也管农村工作,保证镇政府充分行使行政自主权、经济活动管理权、市政统一规划建设权、发展文化科学教育事业权和社会治安统管权。

2. 原建制的镇,其管辖下的城镇部分,设镇居民委员会、居民小组;农村部分,设村民委员会和村民小组。

3. 将现在由县主管部门领导而设在镇上的工商管理所、供销社、房地产管理所、环境卫生管理所、公安派出所(县所在镇除外)、运输管理所、劳动力管理所(劳动服务公司)等机构改由镇和县主管部门双重领导,以镇为主。这些机构的人、财、物和党的关系全部下放给镇管理,县主管部门主要负责业务检查、

---

①　原文标题为《锦州市对小城镇建设作出新规定》。

监督和指导。对这些机构的主要领导干部的任免、调转和奖励处罚,镇要主动征求县有关部门的意见,协商解决。邮电所、电业所、信用社,党的关系放在镇,党的工作统由镇委领导,业务仍由县有关部门管理,对这些机构的主要领导干部的任免、调转和奖励处罚,县主管部门要主动征求镇的意见,协商解决。

4.除县所在镇外,县直有关部门在其他镇所办的小型工业企业,党的工作一律交镇委领导,在条件成熟时,人、财、物也要放给镇管理,充分发挥统一组织管理经济的作用。

二、放宽政策,多渠道开辟小城镇建设的资金来源

5.大力兴办城镇企业。各县的财政、银行、信贷、税收、物价、工商、劳动、公安、卫生防疫、环境保护等部门要积极扶持镇办企业,要以管帮活,采取变通办法,尽量少从镇办企业提取费用,为镇办企业发展创造条件。要简化新办企业审批手续,整顿提高现有企业,提高企业素质和经济效益,为加快小城镇建设提供经济条件。

6.上级财政部门征收的城市建设维护费,市、县应从建设小城镇的急需出发,按规定拨给各小城镇,由镇政府统一掌握,用于城市维修和建设,不要随意截留。

7.各县要尽快建立起固定的镇级财政。市、县有关部门对镇办企业要适当让利,帮助扩大财源,通过扶持生产增加财政收入。

8.征收土地使用费。在小城镇范围内的机关、企事业单位占地,根据不同地段和不同使用对象分别确定不同的收费标准,由镇人民政府每年征收土地使用费。

9.调整集市贸易市场税收和地方税收的比例分成,增留给镇的比例,按税务部门 30%,县财政 20%,集市贸易市场所在镇 50%的比例进行分配。

10.从镇集市贸易市场收取的工商管理费,除去上缴能源交通基金外,应不少于 70%留给市场所在镇,由镇政府掌握,用于当地市场建设。

11.新建镇办的企业税收仍按乡级税率标准征收,所有建制镇办的企业上缴税确有困难,减免的比例由各县人民政府决定。镇税务所要为镇政府征收地方性税收。

12.市、县财政部门和银行,要从贷款上给镇办企业以积极扶持。掌握的小额低息贷款,也要用于扶持镇各项事业的发展。

13.城镇居委会干部的生活补贴费,由各县镇财政每年给每个居委会适当

补助,目前居委会户数过多,应按地方组织法要求,予以适当调整,城镇居委会数的增减均以各县民政局批件为准。

三、简化手续,提供方便,积极扶持农民进城务工经商

14.简化工商执照审批手续。凡是进城务工经商的农民均由当地工商行政管理所审核发照。办理营业执照时间不可超过 10 天,特业不超过 15 天。

15.县公安局委托当地派出所直接办理进城务工经商农民的常住户口或暂住户口,时间不可超过 7 天。

16.县城建部门要帮助各镇搞好经济区建设规划,优先开辟场地,建设"农民一条街"。

17.房地产部门要积极帮助进城务工经商的农民在经济区内建房、买房、租房、换房或集资兴建农、工、商联合贸易中心。物资部门要优先保证进城农民的建筑材料供应。

18.驻镇各企业事业单位要将多余的房屋租给进城务工经商农民使用。

19.进城务工经商的农民,自建或集资合建厂房、营业室需要占用集体土地时,由镇政府统一办理征用或使用手续,不得个人征用。镇政府再与使用单位和个人办理土地使用手续,征收土地使用费。

四、适应新形势,切实加强对小城镇工作的领导

20.县(区)政府要加强对城镇工作的领导,要有分管此项工作的县(区)长,并纳入工作日程,加强督促、检查和指导。

21.各县政府办公室应有一位领导分管城镇工作,并调整办公室内现有编制,设置城镇工作管理机构或有专人具体负责,调查研究,综合情况,检查指导,协助政府领导人搞好小城镇工作。

22.县委和县政府每年至少要讨论两次小城镇工作,研究新情况,解决新问题,总结新经验,推动城镇各项建设事业尽快发展。

23.乡镇合一的建制镇的镇长的配备要强一些,要选调一批懂商品生产、会经营管理的干部到镇上去工作。镇的领导班子成员主要精力要放在抓好城镇工作上,彻底改变干部配备上的"乡里干不了,镇上当领导"的现状。各县(区)应加强对镇领导干部的培训,定期举办镇长研究班。

【选自《城乡基层政权建设工作简报》第十九期(总第 119 期)民政部民政司编　1985 年 5 月 17 日】

天津市塘沽区杭州道街建立
九个居委会图书网点(简讯)^①

塘沽区杭州道街,在去年先后建立了新园里、唐山里等9个居委会图书网点,共计购买了3700多册图书,建立了阅览室、图书亭、借阅处等设施,仅去年一年就接待读者8700多人次。由于居委会图书网点距离居民群众较近,大大方便了青少年及广大居民群众看书、学习,受到了群众欢迎。因此这些居委会图书网点也不断得到附近的工厂企业等单位从图书到物资等各方面的资助,促进了居委会图书网点的巩固和发展。如大型车辆厂、远洋公司等单位,主动地支援居委会图书网点图书、电风扇、木料、灰砂石料等物资,有力地推动了居委会图书网点事业发展。

【选自《图书馆工作与研究》1985年第2期　1985年7月2日】

---

① 　原文标题为《建立九个居委会图书网点(简讯)》。

锦州市实行以户籍管理的条块结合
推动城市的计划生育工作①

城市的计划生育工作应该实行条块结合。条条是指各级机关、团体、企业、事业单位。块块指市、区、街道、居民委员会。在开展城市计划生育工作的条块结合中,要做到条条保证,块块管理与监督。

条条保证,就是各单位要抓好男女职工对计划生育要求的落实,一般概括为"五包":包思想教育,包生育指标落实,包节育措施落实,包奖惩政策落实,包晚婚、晚育教育。块块管理与监督,就是有关人口计划的编制、下达,生育指标的审批,执行情况统计、监督,由市、区、街道负责。

城市的计划生育工作条条块块怎样结合呢? 这可以有两种形式:一种是块块与驻在各块块内的各单位(可称驻内单位)的结合;另一种就是块块与本户口管区的育龄夫妇工作所在单位的结合(可称以户籍管理的条块结合)。以户籍管理的条块结合,是在城市计划生育工作实践中发展起来的,其好处是:

一、它克服了与驻内单位条块结合与现行人口计划管理制度脱节的现象,把工作渠道与人口计划管理制度统一起来,便于对年度人口计划执行情况进行监督和调整。事实说明,块块与驻内单位的条块结合,不能解决上述问题,因为,现行人口生育计划是以行政辖区内的常住人口进行编制、下达的。驻内单位的育龄职工,其户口不都在本块之内,所以与块块所掌握得人口计划执行情况脱节。据调查,锦州市凡实行以户籍管理条块结合较好的地方,对人口计划执行情况掌握的较及时准确,其掌握出生怀孕数与年底实际比在第二季度已达 98%,第三季度已达 99%。可是在以驻内单位条块结合或以户籍管理条块结合进行不好的地方,上述指标在第二季度仅为 80%,第三季度仅达 90%。

二、它使城市计划生育的工作渠道与计划生育统计传递渠道统一起来,保证了城市计划生育统计信息的及时准确。目前城市计划生育统计信息传递的渠道是块块,但是在城市中,对育龄夫妇有关计划生育方面的情况及变化,一

---

① 　原文标题为《实行以户籍管理的条块结合 推动城市的计划生育工作》。

般地说街道、居委会不如其工作所在单位掌握得及时、准确。实际工作表明，户籍管理条块结合好的地方，块块上报的统计数字与条条掌握的情况基本相符，反之，块块上报的数字与条条掌握的情况出入很大。以户籍管理条块结合，由于统计数字较为准确，就能使领导运用统计信息对城市的计划生育工作进行指挥和决策。

　　三、把条条、块块对育龄夫妇进行工作的两股绳拧成了一股绳。在城市开展计划生育工作，条条是关键，因为推行计划生育的教育、行政、经济等手段，只有条条才能较好地运作。就管理工作而言，育龄夫妇户口所在的街道、居委会也要对育龄职工进行工作。这样如果以驻内单位的条块结合，条条、块块对育龄夫妇的工作不发生联系，只是各行其是。而以户籍管理的条块结合就把条条、块块对育龄夫妇的工作统一在具体的人上。实践证明，这样的条块结合，在对育龄夫妇工作落实上，使条块之间关系协调，情况互相补充，工作得以顺利进行。同时，这样的条块结合也利于对人不在的、空挂户的育龄夫妇的管理。

【选自《人口与经济》1985 年第 6 期　作者王巨川　1985 年 12 月 27 日】

卫生部以社区康复为基础建设康复网①

1986 年 12 月，卫生部〔1986〕卫医司字第 84 号文确认山东省、吉林省、广东省和内蒙古自治区为全国开展社区康复的试点省、自治区。经过半年多的实践，就以社区康复为基础的康复网建设问题，初步探索出一条路子。现概述如下，以供同道参阅并批评指正。

一、社区康复的概念

由社区政府出面，积极组织协调政府有关职能部门，调动社区各层次人群的积极性，包括残疾和功能缺陷的伤残者及其家属，以及一切能利用的资源，在此基础上所进行的一系列基层康复活动（医疗康复、教育康复、职业康复、社会康复）。

二、开展社区康复的背景

（一）我国正处在社会主义初级阶段，这意味着在确定社会主义制度的前提下，经济、文化、生产力等诸方面尚处在较低下状态。

（二）全国五类残疾人抽样调查结果表明，残疾人数达 4％～5％，其数量是相当可观的。

（三）当前威胁人们生命的前三位主要疾病，即心脑血管疾病、恶性肿瘤，以及其他一些慢性疾病、意外伤害是造成人们功能缺陷、生命质量不高的重要因素。

（四）社区康复花钱少、覆盖面大，WHO 资料表明，社区康复消耗的费用仅为康复中心康复（或医院康复）的五十分之一；其康复的对象，70％完全可以在社区层次里的基层得到解决，有 20％可以在市、区（县）级医疗机构中得到解决，仅有 10％才需要在省级康复中心或医院中得到解决。可见为实现 2000年人人健康这个战略目标，开展社区康复是一条重要途径。

---

① 　原文标题为《以社区康复为基础建设康复网》。

三、以社区康复为基础的康复网建设问题

（一）社区康复目标：使社区内每个康复对象都能得到基本的康复关照，生命质量有较大提高，为社会做贡献的潜力和责任得到较充分的发挥。

（二）社区康复对象：主要是残疾和功能缺陷的慢性病、意外伤害者，包括创伤、疾病、先天性及发育障碍所造成的残疾。

（三）社区康复的试点选点：选择领导重视，经济、文化背景较好，三级医疗网比较健全，集体经济没有解体的县（区），再从中选择若干乡（街道）搞试点，逐步展开。

（四）社区康复网的建立：建立或健全三级两网。三级指县（区）、乡（街道）、村（居委会）。两网，第一网是社区康复管理网，即社区康复协调小组或领导小组，在县（区）级由主管县（区）长任组长，由卫生、民政、教育、统计、体委等有关部门组成；乡（街道）、村（居委会）依次相应组成社区康复协调或领导小组。第二网是在原有的医疗卫生三级网的基础上，加进康复医学内容所形成，并建立双向转送关系。社区康复在横向必须多部门参与、协调，纵向需要有社区外延性的机构支持、配合，才能完善社区康复的机能。

（五）培训人才：培训专业人才是开展社区康复工作的关键一环。可分为高、中、初三个层次培训。高级人才主要是指康复医师、专科医而言；中级人才主要是指一专多能的治疗师（士）；初级人才是指乡村医生经过专科专病的康复短训班培养者。

（六）采用适宜的技术。

（七）摸清康复对象的数字。

（八）建立评价指标体系。

社区康复究竟如何搞？尚属探索阶段。我国幅员辽阔，各地情况差异很大，开展社区康复不能一个要求、同样的进度，而应当从当地实际情况出发，采取适宜的技术，认真解决好日常费用问题，扎扎实实地把社区康复工作逐步开展起来。

（本文作者系卫生部医政司窦民泽）

【选自《人口与经济》1985年第6期　1985年12月27日】

1986

上海市城市居民委员会工作条例（试行）

第一条　为了加强城市居民委员会的建设，充分发挥基层群众自治组织的作用，适应城市改革和经济发展的需要，根据《中华人民共和国宪法》第一百一十一条的规定，结合本市具体情况，制订本条例。

第二条　居民委员会（以下简称"居委会"）是城市（包括县属镇）按居民居住地区建立的基层群众性自治组织，在街道办事处或镇人民政府指导下进行工作。

第三条　居委会应在坚持四项基本原则的基础上，组织和动员居民协助、配合当地政府做好城市管理工作，积极参加社会主义精神文明和物质文明建设，把本居住地区建设成安定团结、环境整洁、有利生产、方便生活的文明地区。

第四条　居委会的任务：

（一）向居民宣传党的方针、政策和国家法律、法令，动员居民响应政府号召，对居民进行理想、道德、文化、纪律、法制教育；

（二）发动居民积极开展创建文明居委会、文明楼（组）、五好家庭等活动，会同本居住地区的机关、团体、部队、学校、企业、事业单位共建社会主义精神文明；

（三）积极开展尊老爱幼活动，保护妇女、儿童、老人的合法权益；

（四）积极做好人民调解工作，调解居民之间的一般纠纷；

（五）开展群众性的治安保卫工作，协助政府搞好本居住地区的社会治安，做好综合治理工作；

（六）动员居民搞好家庭和环境卫生，配合有关部门搞好预防保健、计划生育的宣传教育工作；

（七）协助有关部门做好拥军优属、社会救济等社会公益福利事业；

（八）积极组织社会劳动服务事业的开展，协助有关部门做好劳动就业工作；

（九）及时向人民政府或有关部门反映居民的意见、要求，并提出建议；

（十）办理本居住地区的其他公共事务。

第五条　居委会的区域范围应根据地理条件、居民居住状况等情况进行划分。市区一般为 500 户至 800 户,郊县城镇为 400 户至 600 户。

第六条　居委会主任、副主任、委员均由居民选举产生,根据居民户数由 5 至 11 人组成,设主任 1 人,副主任 1 至 2 人。

居委会根据工作需要,可设人民调解、治安保卫、民政福利、公共卫生、文化教育、社会劳动服务等工作委员会。各工作委员会由 3 至 7 人组成,设主任 1 人,副主任 1 至 2 人。各工作委员会的主任由居委会副主任或委员兼任。

第七条　居委会下设居民小组,居民小组一般为 20 至 40 户,由居民推选组长 1 人,副组长 1 至 2 人。

第八条　居委会主任、副主任、委员每届任期三年,可连选连任,在任期内因故不能担任职务的,可进行改选或补选。

第九条　居委会的主任、副主任、委员应由能坚持四项基本原则,能联系群众,愿为居民服务,得到居民信任,作风正派,办事公道,身体较好,有一定组织活动能力的人担任。

第十条　居委会应建立和健全工作、学习制度,定期召开居委会主任、副主任、委员会议,各工作委员会会议及居民小组长联席会议,定期向居民报告工作。

第十一条　居委会实行民主集中制的组织原则,实行集体领导和分工负责制,走群众路线,加强调查研究,了解和掌握本居住地区的基本情况及居民的意见和要求。

第十二条　居委会主任、副主任、委员的津贴、补贴费和办公费,由地方财政按有关规定拨给。

第十三条　居委会具有自治权,除街道办事处和镇人民政府外,任何机关、团体、部队、学校、企业、事业单位不得直接向居委会布置任务或索取书面材料、证明和各种报表。确需居委会协助或配合办理的,经街道办事处或镇人民政府统一安排后下达。属于街道办事处或镇人民政府自行办理的工作,应直接办理,不得下交居委会承办。

第十四条　居委会区域范围内的机关、团体、部队、学校、企业、事业单位,都应积极支持居委会开展工作。

第十五条　本条例经上海市人民政府批准,自 1986 年 2 月 15 日起实施。

上海市政府
1986 年 2 月

城市居委会兴办第三产业的意义①

本文根据对上海、武汉等一些城市居民委员会举办第三产业所做的调查，谈一些情况和认识。

大力发展第三产业，是我国人民自十一届三中全会以来生活不断改善提高的客观要求。由于城乡经济体制的改革，促进了社会生产力的大发展，我国人民生活正从温饱型逐步向小康型转变，他们需要吃得好些、穿着时髦些，要求提高文化教育水平，要求丰富多彩的文娱体育活动和开展群众性的旅游活动。同时，由于当前城市就业人口甚多，连一些退休工人也重新参加工作，每个家庭成员都忙于为四化工作和学习，要求家务劳动社会化。当前，大家普遍感到在许多大、中城市吃饭难、乘车难、住宿难、做衣难、看病难、小孩入托难，这些困难的产生，主要是长期以来，我们未能重视发展第三产业。因此，我们必须采取多层次多渠道的办法，发展第三产业。所谓多层次，就是实行国家、集体、个人一起上的方针。所谓多渠道，则是指工厂、企业、学校、街道、居委会各方面来办。唯有如此，才能加速我国第三产业的发展，以适应新的形势发展的需要。

一、居民委员会兴办、发展第三产业一举多样，利国利民

城市居委会兴办第三产业曾经走过曲折的道路。以往，一些同志不主张居委会办第三产业，认为居委会任务中没有这一项，甚至认为居委会办第三产业是不务正业，影响本职工作。十一届三中全会以来，许多同志认为，居委会办第三产业，不可不办，也不可大办，把办第三产业看作是居委会的一项副业。我们认为，城市居委会兴办和发展第三产业是十分必要的。首先，因为经济工作是我们全党和全国人民在新时期的一项根本任务，城市居委会的工作任务也必须以经济工作为中心。居委会办第三产业是社会经济工作的一部分，是多层次、多渠道发展第三产业的一个重要方面，它不但为整个国家第三产业的

---

① 原文标题为《城市居委会兴办第三产业的意义》。

发展做出贡献,又可促进我国第一、第二产业的发展。其次,居委会办第三产业,基本上是属于社会生产、生活服务事业,属于本居住地区的公益事业的组成部分,例如幼托、家庭劳动服务、卫生等,其直接服务和受益对象首先是本地区居民。还有不少居委会办的公共事务和公益事业,在很大程度上要依靠居委会办第三产业经济的资助。因此,兴办和发展居委会办第三产业是居委会的一项重要的任务。实践证明,居委会兴办和发展第三产业对于国家、集体和广大人民群众有多方面的好处,是一举多得、利国利民的好事。

第一,居委会办第三产业为国家和集体创造财富,积累资金,繁荣经济,支援了四化建设。例如武汉市大智街道东山居委会从 1980 年以来,针对社会需要,有步骤地发展第三产业,先后兴办了饮食、缝纫、幼托、商业、运输等 10 种劳动服务项目,1984 年年产值达 130 万元,利润 15 万元,从 1980 年至 1984 年共上缴国家税金达 21 万余元。所属厂、组固定资产 40 万元,流动资金 35 万元。济南市天桥区居委会 1983 年办第三产业的销售总额为 1725 万元,利润为 1293000 元,而同年该区国营与其他集体商业的销售总额为 1855 万余元,利润为 843600 元。由此可见,该区居委会办第三产业的销售总额和利润已分别接近和超过国营和其他集体商业的销售总额和税利。上述情况表明,居委会办第三产业有不可忽视的社会效益和经济效益,显示了他们对国家和集体的贡献。同时,从服务内容看,他们为大型工厂、企业提供劳务(承包绿化、清洁卫生、食堂等),从事加工生产(家庭副业、手工业等)以及综合服务(修理、饮食、家务劳动等),提供了形式多样、要求不同的各项社会服务,从而支援我国社会主义现代化建设事业。

第二,居委会办第三产业可以方便居民生活,解除职工后顾之忧,并面向整个社会,适应广大群众的需要。可以就地就近解决居民日常生活中的"吃饭、吃早点难","洗衣、做衣难,小孩入托难",以及买卖东西不方便等困难,特别是许多居委会组织家庭劳动服务,使广大职工摆脱繁重的家务拖累,使他们集中精力搞四化。例如北京市崇文区天坛街道所属 38 个居委会支持本区 20多名离、退休干部在自己家里办起家庭托儿所,收托婴幼儿 100 多名。另有 300 多名退休职工,组织起五保固定小组,长年对全地区的 44 名孤寡老人和烈军属,开展综合服务活动。上海市普陀区林家港街道长风二村居委会组织了 200 余人的家庭服务队为知识分子和双职工家庭上门服务,代他们买菜、取牛奶、洗衣服、织毛衣、领小孩、照看病人。武汉市江岸区劳动街花二居委会组织的家庭服务开展了 20 多项家庭服务,包括代购代送生活用煤和液化气,代烧开水、生炉子、照顾产妇、接送小孩、打扫卫生、修理家具、搬家承运等多种项目。上海市虹口区南天潼居委会有一户四口之家,户主是一家工厂的总工程师,1984年秋天,工程师的老伴病倒了,儿子、媳妇都要上班,全家顿时陷入混乱。就在这时,居委会为他们介绍了家庭服务员,每天前来工作三四个小时,买菜、洗衣、打扫房间,弄得井井有条。

第三,居委会办第三产业可以扩大就业,有利于社会安定。上海市普陀区锦绣居委会把居委会办第三产业作为帮教失足青年的基础,把劳改劳教释放人员和失足青年安排在其中,使之有生活来源。里弄治保人员在这些产业中既当生产负责人,又做帮教转化工作,使帮教工作做得生动,又落到实处。洛阳市北大街北段居委会盲哑残疾人员办起了拖把厂和盲人按摩诊所,他们不光安排了本居住区的盲聋哑人员,还为邻近街道安排了一些残疾人员,大大促进了社会的安定团结。上海市有些地区部分退休工人的退休工资偏低,因此引起不少家庭矛盾,居委会办第三产业吸收了这部分退休工人参加工作,这样不仅发挥他们的余热,为社会做贡献,也增加了他们的收入,富裕了他们的家庭经济生活。近年来,由于各地居委会兴办第三产业,许多地区的待业青年和闲散人员均已被安排了工作。武汉市大智街道东山居委会800多名闲散人员和待业青年,截至1984年就已被全部安排就业,家家无闲人,人人安居乐业。无锡市居委会办第三产业已发生从业人员来源不足问题,以致要向邻县吸收人员。

第四,居委会办第三产业可以促进精神文明建设,搞活居委会的各项工作。各地许多居委会通过发展第三产业促进了居民区的精神文明建设。例如上海市中山路仁义里居委会自1984年6月份兴办第三产业以来,每月收入1万元左右,居委会每月从中提取管理费3000余元。居委会有了钱,就搞公益事业和精神文明建设,该居委会仅在1984年下半年就花150元买了连环画送给托儿所,花500元买了一个录音机为老人早晨做操打拳放音乐,还买了洗衣机为烈军属、孤老免费洗衣等,还花了15000元建造一幢三层楼房,用来开办老年人活动室和青少年活动室。武汉市大智街东山居委会第三产业发展较快,1984年年产值达百万元,利润10万元,为精神文明建设提供了条件。近五年来,该居委会用58000多元开办了文化室,青少年之家,保健室,添置了彩电、收音机。居民前来参加娱乐活动不收钱,居委会所办企事业单位职工看病,每次只收3分钱挂号费,免收医药费,该居委的孤寡老人亦免费看病。

目前,各地居委会干部经济待遇不高,为此,一般除地方财政拨款的经济补贴外，大都从居委会办第三产业的收入中，按照规定提取管理费的一部分用于解决居委会干部的生活补贴。

二、加速发展居委会第三产业需要解决的几个问题

从当前各地居委会举办第三产业的情况来看，有几个问题急需解决。

（一）统一思想，统筹规划

为了加速城市居委会办第三产业的发展，首先要使区、街道、居委会干部进一步统一认识。六七十年代，城市地区工作的指导思想是要居委会把里弄建设成为"阶级斗争的前哨，兴无灭资的场所，反修防修的阵地，生产生活的后方"。在新的历史时期中，新的形势和任务要求我们必须彻底清除"左"的影响，端正地区工作的指导思想，街道、居委会要以经济工作为中心，两个文明一起抓，努力发展第三产业，推动文明居民区建设。唯有指导思想明确，才有可能开创居委会工作的新局面。其次，市、区、街道办事处对居委会办第三产业需要解决的人、财、物、房应予统筹规划，特别是要进一步发展大都存在场地、房屋紧张，资金、设备、原材料缺乏以及人才奇缺的问题。这些问题，除各居委会自身依靠组织、发动群众以及通过社会上的合法渠道设法解决外，有些问题是需要市、区给以统筹规划的。"北京市副市长韩伯平最近宣布：对占有重要商业街道两侧空地的建筑单位和个人，自己无力兴办第三产业者，应尽快将房屋出租、交换、转让给其他单位或个人兴办，或由所在地区政府征用后招标兴办。"（1985年3月11日《文汇报》）这样，就给居委会办第三产业的房、地来源创造了条件。建议今后各城市在规划城市建设时应将居委会办第三产业的用房、用地加以统筹规划，上海市和其他一些城市今后将有计划地翻建旧房，在翻建旧房时，也需要将居委会办第三产业用房列入规划。

（二）居委会办第三产业要树立为民服务，为里弄工作服务的观点，端正指导思想

居委会办第三产业既要考虑社会效益，又要考虑经济效益，要将两者很好地结合起来。首先要树立为民服务，为里弄工作服务的观点，克服盲目赚大钱的观念。例如许多居委会办托儿所，办小饭桌，减少居民的后顾之忧，深得群众好评。还有些居委会搞一个自行车棚，白天为单位服务，晚上给里弄居民服务，虽然收利不多，但对杜绝自行车失窃事件起了很好作用，受到居民群众的一致赞扬。

（三）因地制宜，因陋就简，综合服务，多种经营

居委会办第三产业大多是小型、灵活、多样，这是它的特点。这样它资金周转快，应变能力强。根据这个特点，居委会办企事业必须因地制宜。例如，上海火车站临近的虬江路、天目东路、安庆路等大街小巷，到处都有新办起的由居民区退休职工经营的旅馆。这些旅馆以其地理位置上的优势和热情的服务态度，赢得了外地旅客的赞誉。地处上海黄浦江、苏州河的杨浦、南市、黄浦、普陀区的一些街道居委会，重点发展装卸、搬运、打包托运、水产贸易等服务项目，也很受欢迎。地处上海市浦东或市郊接合部位的居委地，则纷纷开办食店、百货店和书报亭，补充商业网点的不足。大工厂附近的居委会，进工厂承包食堂、卫生、绿化等后勤工作。退休工程技术人员比较集中的地区，技术咨询、技术开发活动很活跃。居委会办第三产业由于本小利薄，房屋用地紧张，兴办时大多因陋就简。上海市一些街道居委会利用人防地下室兴办简易旅社、咖啡室、小型游艺室等，还有不少居委会办简易的饮食店、简易售货网点，都受到群众欢迎。当然，这些店获利后，应该改善经营设施条件，才能使业务进一步发展，从而提高经济效益。由于房屋的实际困难，可以多搞些综合服务、多种经营，如旅馆业兼办饮食，最好还能有商业、文娱设施，这样更受旅客欢迎并能提高经济效益。商业网点可以既卖油酱粮醋，又售日用百货，兼卖中、小学生文具用品等，还可以兴办一些少用房舍设备的服务商业。例如上海市静安区有个居委会曾几次举办居民旧物资（日用品、家具、儿童生活用具及雨具等）调节中心。居委会收手续费7%，可以每月逢五、逢十开业，旧货商品可放在露天场地陈列，不需房舍。

（四）放宽政策，制订规章制度

过去居委会兴办第三产业数办数收，挫伤了一些同志的积极性，他们艰苦兴办的事业被一批批地上交归口，因此现在他们还心有余悸，担心今后是否再要上交。这一需要在政策上明确起来。另外，目前居委会办第三产业申办手续关口太多，审批时间也长。希望能够简政放权，建议政府各有关部门对居委会办第三产业在贷款、财政、税收、用房、用地等方面能够放宽政策，给以优惠待遇，大力扶持，并建议对街道、居委会兴办、发展第三产业中的重要问题，订立章法制度，以便有法可依、有章可循。武汉市人民政府于1983年7月1日曾颁发《关于居委会兴办生产服务事业若干问题的规定（试行）》，这就很好。

　　(五)解决专门人才问题,提高队伍素质

　　专业人才问题是当前发展第三产业面临的一个关键性问题。目前第三产业的人才是"三低一少",即文化水平低、技术水平低、管理水平低,专门人才少。这样就不能适应各地今后第三产业发展的需要,地区、街道、居委会可以挖掘潜力、采取措施。例如上海市普陀区有退休职工98000多人,其中有技术职称的520多人,有技术专长的5800多人,这样一支技术力量,如果组织起来,可以为本市工厂承包技术性劳务,也可以为外地专业工厂提供技术性服务,发挥他们的余热。普陀区的98000多名退休职工中一般职工有80000多人,是一支较大的社会劳动力来源,可以继续为工厂提供劳务,是地区发展第三产业的重要力量,这些人如果加以安排,既能提高他们的收入,又能适应街道、居委会第三产业发展的需要。为了提高第三产业队伍的素质,建议各地教育主管部门,兴办培养第三产业各种人才的职业学校,举办各种类型的培训班。当前,各地有条件的居委会,也可以同有关学校和业务单位挂钩,请他们代培专业人才。

　　(六)加强领导,依靠群众

　　居委会办第三产业既然是居委会的重点工作之一,居委会班子就必须十分重视它,要合理分工,建立健全专门组织,在人员分工和工作时间上要主次分开,妥善安排,避免因发展第三产业而影响整个居委会的日常工作,而是要使两者相互促进。上海市普陀区锦绣居委会在兴办第三产业中,注意摆正经商和里弄各项工作的位置。居委会十分注意加强领导,以第三产业扶助里弄工作,又以里弄各项工作促进和保护第三产业的发展。居委会办的第三产业是群众自治组织的经济实体,可选举居民代表加强管理监督,使它真正成为居民群众自己的经济组织。

　　【选自《政治与法律》1986年第1期　作者柳岚生　1986年3月2日】

哈尔滨市民政局、财政局关于居民委员会
干部生活补贴待遇问题的通知①

根据黑龙江省人民政府办公厅转发省民政厅《关于改善城镇居民委员会办公条件和干部待遇问题的报告的通知》的要求,结合哈市实际情况,现将关于居民委员会干部生活补贴待遇问题通知如下:

一、居民委员会设主任 1 人,副主任 2 至 3 人;主任、副主任兼任各工作委员会主任。居民委员会要以公安户籍段的管辖区域设立,以 400 户至 600 户居民为范围,过小或过大的,应进行调整。

二、居民委员会正、副主任三职享受生活补贴,补贴标准每人每月平均 40 元,有条件的地方可以增加补贴职数或提高补贴标准。

三、居民委员会的干部补贴经费,在市财政增拨一部分的基础上,从 1986 年 1 月起,每年按每 1 万城镇人口 4400 元的比例核拨经费(呼兰、阿城两县由县财政核拨)。核拨的经费要做到专款专用,不得压缩截留,不得留作奖励或挪作他用,经费不足部分按下列渠道解决:

1. 各工厂企业和有收入的事业单位家属聚居区的家属委员会(居民委员会)的委干部生活补贴和办公费由企事业单位承担。

2. 原来从街办企业利润中自筹的居委会干部的生活补贴经费,数量不得减少,渠道不能截断。对于原定和今后一部分委干部,由街办或委办生产服务业中开支的,要继续执行,其经费按照职工工资的管理办法,合理支出,并享受本单位职工的同等待遇。

3. 各区可从财政预算中,适当增拨一些经费,如财政预算内增拨有困难,应从街道办企业缴纳的集体事业建设基金中解决,以弥补委干部生活补贴和居委会办公经费的不足。

总之,无论采取哪种办法都必须保证委干部补贴职数和补贴标准。

四、要妥善解决好居委会正、副主任的退养问题,解决的原则是,视不同情

---

① 原文标题为《哈尔滨市民政局、财政局关于居民委员会干部生活补贴待遇问题的通知》。

况，区别对待，逐步解决。连续从事居委会工作 15 年以上的，每月补贴 20 元；连续从事居委会工作 25 年以上的，每月补贴 30 元。补贴的费用按居民委员会干部生活补贴有关规定办理。

五、要严格控制居（村）民委员会的区划。今后，凡属居（村）民委员会的撤销、合并或重新设立，要在征得市民政局同意后，由各区、县民政部门报区、县长办公会议讨论批准，并以政府名义正式行文，分别抄送政府办公厅、市财政局。否则各地自行划分的一律无效。

1986 年 4 月 9 日

北京市对居民委员会兴办
公共福利和社会服务事业做出具体规定

最近，北京市人民政府讨论研究了居民委员会兴办公共福利和社会服务事业的有关问题，并做出以下规定：

一、城市居民委员会根据需要和可能，可以兴办为居民服务的公共福利事业和社会服务事业。所办事业应该坚持为人民服务的宗旨，以便民、小型、分散、劳务为主。各区和街道办事处对居委会兴办公共福利和社会服务事业，要给予支持和帮助，并积极引导，使居委会不要因为办这些事业削弱和影响群众性的治安、调解青少年教育、计划生育等工作。

二、按照便民、小型、分散的原则，广泛经营小商业、小服务业、小修理业等。如根据居民的实际需要组织小百货、小副食店和书报、杂志的代购销；兴办托儿所、小饭桌、小理发室；进行拆洗缝补、服装加工、家用电器修理；代送牛奶、代换煤气、代买蔬菜，以及对老、弱、病、残人员的护理等。

三、所办的站、点不要占用居委会办公用房和"五站一所"用房。居委会干部，主要是做组织指导工作，不要担任站、点的负责人，不参与生产和经营的具体活动，要集中精力做好居民工作。

四、根据国务院国发〔1983〕67号文件中规定的城镇集体所有制单位应当遵循"自愿结合、自负盈亏、民主管理、按劳分配、职工集资、适当分红、集体积累、自主支配"等项原则，居委会对所办的社会福利和家庭劳务事业可视具体情况收取一定比例的管理费。对居委会办起来的上述事业，区、街不能上收。

五、居委会兴办上述事业所得收入，主要用于居委会的集体福利事业开支和补助办公费用的不足，也可用于发放一定数额的奖金。

六、街道办事处对居委会兴办社会福利和家庭劳力事务如何进行指导和管理，由各区自定。如有必要，可由办事处民政科聘请离退休人员专门负责此项工作，不要占用街道办事处的干部编制。

【选自《城乡基层政权建设工作简报》第七期（总第145期）1986年4月30日】

杭州市上城区城站街道指导
居委会工作发挥其自治性组织作用①

　　我街道辖区地处铁路杭州站,是杭州市区的东大门,面积 0.73 平方千米,辖 14 个居委会,居民 6600 户,23000 人,设在辖境内的省市区属机关、企事业单位 270 个,职工 20000 余人。

　　城市居民区是居民聚居的生活场所,社会主义精神文明建设的阵地;而居民委员会则是居民群众自我教育、自我管理、自我服务的城市基础群众性的自治组织,是党和政府密切联系群众的桥梁和纽带,是城市工作的基础和重要组成部分。居委会工作做得好坏,对于推进城市经济体制改革,开展城市精神文明建设,具有直接的关联和深远的影响。为此,我们街道党委和办事处在近几年一直把加强对居委会的指导,发挥其自治性的组织作用,列为街道工作的重点,并取得较大的成绩。有 10 个居民区被评为先进居民区,占总数的 76.9%,其中 3 个居民区被区政府授予《文明先进》居民区。1985 年,我街道也被区政府授予"建设文明先进单位"和杭州市委、市政府命名为"两个文明建设先进集体"的光荣称号。下面就我们在实践中如何指导居民委员会工作,发挥其自治组织作用,谈八点体会:

　　一、要发挥居民委员会的自治组织作用,必须尊重居委会的自主权。去年,我们街道党委正式下文,对居委会的自主权作如下五条规定:(一)除居委会正副主任,由群众推选、党支部书记由支部大会选举产生后报街道党委审批外,其余居民干部任免使用均由居委会讨论决定。(二)有任免其所属社会福利企事业单位负责人,聘用辞退居委会的文书、财会人员之权。(三)有单位在银行立户,建立财会制度,当家理财之权。(四)有审批非生产性开支 100 元以下,购置固定资产 500 元之权。(五)有决定兴办公共福利事业之权。通过实践,这对于发挥居委会的自治作用有着显著的效果,特别是有了人事权和经济权,效果更为突出。如西牌楼居委会,动用税后利润 30000 元兴办公共福利事

---

　　①　原文标题为《我们是怎样指导居委会工作发挥其自治性组织作用的》。

业,为本居民区疏通窨井阴沟等 10 件好事;郭东园巷居委会从治脏入手,清除垃圾,拆除违章建筑,在抓好环境卫生的基础上,大搞植树绿化,种植树木花卉 2100 余株,花坛 58 只,以及花架假山、亭阁等街巷园林小品 8 处,美化居住环境。到去年底止,全街道建起 14 个青少年活动文化室,10 所幼儿园(其中 1 所是街道办,两所是居民个人办),4 所红十字医疗站,14 个家务劳动服务站。8个居民区还自筹资金"三材"自建居委会办公室,各个居民区都自找场地,进一步发展生活服务事业,安置社会闲散人员,方便群众生活,促进社会安定。

二、居委会重视自身的班子建设,不断地健全组织,提高政策水平和服务能力,以适应形势发展需要。居民委员会担负着自我管理、自我教育、自我服务的繁重任务,必须有一个强有力的领导班子,但是历史留下的居民干部状况是年岁高(最高的 83 岁)、身体弱、文盲多,对当前形势任务要求极不适应。为此,我们在 1984、1985 年协助各居委会动员 47 名年龄较高、身体较弱的干部离位,并选拔动员一批年龄轻一点,文化高一点,身体好一点,且又热心居民公益事业的离退休人员出来工作,并采取随缺随补、未缺先备的方法,不断进行调整充实。现在 14 个居委会有正、副主任 79 人,其中,离退休人员 77 人,占97.4%。初中以上文化的 24 人,占 30%,小学以上文化程度 55 人,干部中已没有文盲。党员 27 人,占 33.8%。政治素质、文化水平、工作能力都比以往有了较大的提高。特别是企事业的基层干部,他们在职时,都担负着一定的领导职务,具有较丰富的领导经验和工作能力,离退休后担任居民干部,给居民工作带来生机和活力。如姚园寺巷居委会主任、党支部书记郭美英出任居民干部后,任劳任怨、不辞辛苦,带领全体居民干部为居民群众办实事,创两个文明建设,使这个居民区的面貌迅速改观。各居委会为了明确分工、各司其职,有利于各项工作的开展,都设有调解、治保、民政福利、卫生、妇女、退休工人等六大工作委员会,分别由居委会正副主任兼任。居委会建立党支部,支部书记一般都兼主任或副主任,以利于加强领导、开展工作。现在全街道 14 个居委会基本上做到人员齐全,都能顶用,成为执行政策好、联系群众好、为民服务好、团结互助好、开展工作好的战斗集团。

三、建立和完善各项制度,为居委会建立正常工作秩序。为了使居委会的工作有章可循、有据可依,我们根据《宪法》和居委会组织条例的有关规定,结合本街道的实际,制订《加强居委会工作的十点意见》和《财务管理的十条规定》发给各居民区,并做出四点要求,进行具体贯彻:①建立例会制。居委会六大主任每月集中在街道办事处分别开一次例会,学习文件,相互交流工作经验,共同协商研究下一个月的主要工作,尽量做到一个时期有一个工作重点,使主要干部心中有数,统贯全局。②讲授业务课,进行培训。1984年以来我们先后向居民干部讲课8次。今年从5月份开始,我们根据城区工作会议精神,拟讲课5次。培训内容主要是讲解居委会性质、地位、任务和作用,各工作委员会的工作职绩、任务范围、业务政策,以及如何相互配合做好各个时期的中心任务等。通过培训,提高居民干部的业务水平、工作能力和做好居民工作的自觉性。不少离退休人员还自觉辞退高薪聘请,不图名利,甘心为居民区千家万户的琐事操心,把有生之年的余热献给社会。③积累资料,建立档案,抓业务基础建设。以往居委会没有办公室,谁当主人就在谁家办公,无法建立资料积累和档案管理制度。居民干部也因受文化所限,凭脑子一本账做工作。近几年来,新老干部交替频繁,资料积累显得十分必要,为此各居委会一般都聘用文书,这为业务建设创造了有利条件。现在各居委会都普遍建立卫生绿化、计划生育、民政优抚社会福利、治安保卫、五好家庭、调解纠纷、殡葬改革等7本档案和烈军属残疾军人、孤寡老人和社会困难户、残疾（包括痴呆）人、精神病患者、待业人员、帮教对象等花名册,从而使新上任的干部做到情况明、底子清,干起工作得心应手。④开碰头会。居委会六大主任坚持每日碰头,每周安排制度,相互通气。每天由一个主任轮流坐班值日,处理日常工作,其他主任分头辖区抓工作。

四、鼓励各居委会因地制宜兴办各种类型的生产,开展家务劳动服务项目,发展第三产业。我街道各居委会建国初期就有组织城市烈军属和困难户参加生产自救的好传统,再加上地处交通枢纽的地理优势,加工性、服务性生产曾经都具有一定的规模。但由于受"左"的影响,被上级有关部门搞所有制上升,连房子带设备全部被平调。十一届三中全会以后,我们实行了"谁办谁有",藏富于居民区的政策,从而又使居办企业得到迅速的发展。现在全街道有居办企业42家。1985年利润46.8万元,每个居委会的年利润都在万元以上。其中福源巷居委会年利润达15万元。这为居民区兴办公共福利事业提供了可靠的经费来源,又为精神文明建设奠定了物质基础,也为残疾人和社会闲散待业人员提供安置就业机会。我街道有残疾人54名,安置在街道福利工厂的48人,安置在居办企业的6人,他们不仅成家,有的还添置电视机、洗衣机、手摇车,生活得到可靠的保障。有两名残疾人还当上了厂长。安置闲散待业人员278人,也为促进社会安定、减少犯罪做出贡献。从1984年起,各居委会都办起家务劳动服务站,设有63个服务点,拆洗衣被、翻丝棉、服侍病人、倒马桶、送煤、代搞卫生、安装水电等 25 个服务项目,组织专职和兼职的服务人员达 141 人。到 1985 年底,为居民拆洗翻缝衣被 12000 件,修灶盖漏 859 次,代送煤 14400 斤,代倒马桶、代搞卫生 5700 次,有的居民区还购置洗衣机、拷边机等设备为居民服务,西牌楼等居民区还为 123 户居民安装了自来水。为居民排难解愁,社会效益和经济效益双丰收。

五、围绕杭州城市的性质和建设的总体规划,定奋斗目标,提工作要求,使居委会明确自己的努力方向。杭州是举世闻名的全国重点风景旅游城市。城市是一个整体,居民区则是这个整体的有机组成部分。在居民区开展各种形式的共建活动,抓好精神文明建设,创文明居民区,对于把杭州建设成美丽、整洁、文明、繁荣的社会主义风景旅游城市,有着直接的关系。为此,我们向居委会提出的目标是做文明居民,树文明新风,创文明街巷,建文明居民区。具体要求:①五好家庭要达 50% 以上,五好墙门、楼群要达 70% 以上。②卫生绿化要做到室外街巷整洁,室内明窗净几,处处见绿叶,四季有鲜花。③要教育居民树立尊老、济困、扶残新风尚,对优抚救济对象和孤老要坚持"四定"一条龙服务。④要有固定的、内容健康、丰富多彩的文化活动室,辅导好青少年活动,建立图片、报刊阅览专栏。⑤要向居民进行法制教育,提高居民守法观念,及时调节纠纷,增强家庭邻里墙门之间的和睦团结。⑥经常教育居民加强安全防范,做违青的帮教工作,抓好综合治理,促进社会风气的好转。⑦要教育居民移风易俗,晚婚、晚育、优生、优育,达到无计划外的生育。要简办丧事,实行火葬。⑧居委会领导班子要廉洁奉公、不徇私情、办事公道、以身作则,事事起模范带头作用,依靠群众、团结一致,带动居民干部、退休工人、墙门代表三支队伍开展工作。通过定目标,提要求,大大调动居民干部的积极性和首创精神,使创"文明"活动广泛、深入、经常、持久地开展下去,宣传教育更加深入。现在我街道已普及黑板报,14 个居民区有黑板 93 块,聘用 13 名宣传员负责编排工作,定期出版,图文并茂,文字简短、清新,成为居民看新闻受教育的好形式。还有 7 个居民区出钱建起公共阅报栏,3 个居民区建立新闻图片宣传窗,使党和政府每个时期的方针政策、法制法规、五好墙院、五好家庭、好人好事都能通过黑板报和宣传窗,向居民宣传。争创五好家庭,基本达到家喻户晓,深入人心。1985 年全街道评出五好家庭 3490 户,占总数 61.82%,比 1984 年增加 50%。其中有 1 户还被评为全国五好家庭。五好墙门 199 个,占总数的 73.16%,比 1984 年增加 55 个,其中有 3 个被评为省、市级五好大院。3 个居民区被评为市级绿化先进单位,1 个居民区被公安部门评为先进集体。街道被评为省绿化文化先进集体,拥军优属工作被命名为全国模范单位。

六、典型引路,不断总结推广先进经验,指导全面工作开展。典型的事例,群众看得见、摸得着,是指导居委会工作意向重要手段。1983年,我们总结福源巷居民区依靠社会力量,开展多种形式的"共建"活动,建立民政优抚联合服务网的经验,在全街道各居委会推广后,使参加服务网的地区单位,从64个增加到124个,参加为优抚、救济对象服务人员从原来400余人增加到700余人。有109个单位与151户,受服务对象(其中烈属5户、军属105户、残疾军人25户、社会困难户16户)签订了包户服务责任书,形成了"四定"一条龙服务的完整经验,得到了省、市、区和中央民政部的充分肯定。又如我们在开展创文明墙院、五好家庭活动时,先后总结了城头巷122号墙门,省电力局宿舍大院等5个墙门和杨绍静、徐月珍等五好家庭7个典型材料,有力地推动整个街道五好活动的全面开展。1984年与1983年相比,五好家庭增加了62.7%,五好墙门增加了38.7%。姚园寺巷居委会向外地学来了经验,建起五好活动、卫生、计划生育、民政优抚、治安、调解、殡葬改革等七项工作档案,为更好地有计划、有步骤地做好居民工作提供资料依据,我们也及时加以推广,现在这个经验在13个居民区普及。郭东园巷居委会学习北京经验,推广五管、三包、二参加、一联系的工作方法,也取得了一定的成果。此外,我们还总结推广加强支部建设,发挥党员在居民工作中的作用,做失足青年帮教工作,搞好绿化养护等经验,都取得了积极的效果。

七、充分发挥条条作用,条块结合,以条为主,深入实际指导工作。根据上级提出以做好管理服务为中心,以街道、居民区工作为重点的城区工作指导思想,我们改变了过去一直沿用的"条块结合,以块为主"的工作方法,调整了街道办事处的组织机构。从有利于加强居民工作出发,在街道机关设置城市管理科、居民工作科、生产生活服务科和党委办公室、行政办公室,采取分线负责,由科室直接与自己对口的分管的居委会主任或副主任联系工作,取消了街道办事处向居民区派驻外勤的传统做法。这一调整,大大加强上级业务部门对基层工作的对口指导,有助于居委会自我管理、自我服务、自我教育水平的提高。如城管科的同志为了争取新建1至2个文明卫生居民区,多次深入江城路,探访居民区的每个墙门,调查了解、指导居委会制订计划,统筹安排力量,并帮助城站路三桥等卫生先进居民区提高环境卫生水平。居民科的同志为了适应改革形势,积极开展五好活动,经常深入各居民区复查五好家庭的质量和结构,发现问题,现场协同居委会研究改进。行政办公室的同志经常和居民干部一起检查"四定"服务责任制的执行情况,把民政优抚工作做得更好。党委办公室同志有针对性地做思想政治工作,物色和动员退离休人员出来参加社会活动,为居委会新旧交替输送新的力量。条块结合,以条为主指导工作,时间不长,还有待于在实践中继续探索,积累和总结一整套工作方法。

八、发挥居民干部的主观能动性,必须注意从政治上爱护他们,工作上信任他们,生活上关心他们。因此,我们思想上比较重视这一方面的工作。首先做到政治上关心他们,先后吸收了 4 名居民干部中的积极分子入党,被选为区人民代表 4 人、市人民代表 1 人、区人民陪审员 3 人。认真处理好三个方面的关系:①处理好在职干部和离任干部的关系。对离任干部,我们尽量做到欢欢喜喜出来工作,高高兴兴离任回家。对从事居民工作 30 年以上的居民干部(无退休金的家庭妇女),市里规定发给 32 元退养费,我们街道又从居办企业上交积累每月增发 28 元,共 60 元。即使犯有过错,也要"搭好下楼的梯子",体面离任,离任时赠送纪念品,逢年过节,委托居委会干部上门慰问。经常关心他们,这对调动在职居民干部的积极性有重大影响。②处理好义务和权利的关系。平时严格要求他们树立全心全意为人民服务的思想,为居民群众办实事。同时适当组织他们开展一些有益的集体活动,即一年春、秋二季各组织一次郊游。春节举行一次茶话会以表达对他们的关怀。在郊游时我们还注意邀请少数家务轻、身体好,准备推荐担任居民干部的退休人员一起参加。③处理好经济效益、社会效益、个人收益三者之间的关系。市里拨给每个居委会的经费,从 57 元、110 元到 240 元。我们规定将此项经费 8 元用作办公费,232元用作居委会正副主任补助费,其中主任 42 元、副主任 38 元。除此之外,我们从 1984 年 7 月起,对居民干部实行两个效益挂钩的月度奖和其他有关突出贡献的单项奖。每月人均 10 元左右,最高的可达二三十元,从而大大调动居委会干部的工作积极性,促进居委会干部队伍的基本稳定。现在各项工作上去了,居委会的集体经济也发展了,好人好事日益增多,街道干部与居委会干部进一步打成一片。

我们街道办事处在指导居委会工作,发挥其自治作用方面,做了一些工作,积累了一些经验。但也存在问题,特别是街道办事处的性质任务和智能方面的问题。待上级领导研究探索,通过立法形式加以解决。街道工作当前存在的问题主要是:①管辖部门多。市、区共有 37 个部门对街道有领导关系,不管哪个部门都可以到街道去直接布置任务,形成了各个部门往下通,街道成了"大总统"的局面。②机构设置多。上面布置一项工作任务,就要下面设立一个机构,一层一层部署下来,街道几乎成了"小政府",街道办事处的干部不得不身兼数职,应付门面。③工作任务多。1954年全国人大通过颁发的街道组织条例规定的任务是三条,现在街道工作从苍蝇蚊子管到老婆孩子,生老病死,至于临时布置的任务就更频繁。④检查验收多。有多少项任务,就有多少个项目的检查验收,有党务的、有行政的,更多的是部门直接进行的名目繁多的检查验收。其实,有时上面也无人来检查,叫你自查、互查、对口检查等。⑤统计报表多。每做一项工作,都要填报表,甚至一项工作几种报表,有的同一内容,几个部门都要数字、情况。为了填报表,街道干部不得不挤出时间,东拼西凑,统计加估计。基于此,街道办事处在性质上是区人民政府的派出机构,实际上行使城市基层政权的权力。我们在实践中体会,街道工作的职能,可以用四句话概括:城市管理的基地,文明建设的窗口,政权建设的基础,居民生活的场所。30多年来,城市管理的职能发生了极大的变化。原来街道办事处和居民委员会的组织条例已很不相适应,如城市管理实行分级负责,哪些事应由街道负责,哪些事应由市或区的有关部门负责,阶段配合,居民委员会的自治内容等都应该立法,建议中央尽快制订一个新的条例。我们建议,街道办事处的性质应该由派出机关改变为城市基础政权,其名称拟定为街人民政府,隶属区人民政府或由不设区的市政府领导。

杭州市上城区城站街道办事处

1986 年 6 月 30 日

【由杭州市上城区档案馆提供】

石家庄市加强居民委员会建设^①

河北省石家庄市重视居民委员会工作,居委会干部的经济补贴、连续工作十年以上的居委会老积极分子的退养费等问题都已得到解决。为进一步加强居委会建设,充分发挥居委会在城市两个文明建设中的作用,最近,市人民政府又对居委会建设中的有关问题做了规定:

一、为体现党和政府对广大居委会干部的关怀,确定对从事居委会工作20年以上(含20年),现已离退居委会工作的老书记和正、副主任颁发荣誉证书,以示表彰(民政局已在7月份召开大会颁发了荣誉证)。

二、对连续从事居委会工作5年以上(含5年)、不满10年,并已退离居委会工作的老书记和正、副主任(不含离退休干部、工人从事居委会工作的),给予一次性生活补贴。每人每年20元,所需经费由市财政支付。

三、增加居委会办公费。从1986年8月起,居委会的办公费由每月三元增至八元。今年所需款项,由市财政拨付。从1987年1月起,由各县、区财政负担。

四、认真解决居委会办公用房。对全市还没有解决办公用房问题的20多个居委会,要求今年10月1日前全部解决,其办法是:企事业单位生活区内的,由企事业单位解决;其余的,由市房管部门解决。今后,凡新建居民住宅区,要统一解决居委会的办公用房。

五、对居委会兴办第三产业所需要的场地,各县、区及街道办事处和市有关部门要积极帮助解决。工商行政管理部门要及时办理营业执照,并按最低标准收费。

六、居委会兴办的第三产业摊点,任何部门或单位不准上收。其收入由居委会自行支配使用。

七、居委会兴办饮食店所需的粮油,可向粮食部门申报,以平价供应。

八、居委会新办的摊点或经营有困难的老摊点,经税务部门批准,可以减税或免税。

【选自《城乡基层政权建设工作简报》第十二期(总第154期)　1986年11月5日】

---

① 原文标题为《石家庄市采取切实措施　加强居民委员会建设》。

邹思同副部长在全国城市街道居民委员会
座谈会议上的讲话①

同志们：

　　全国城市街道居民委员会工作座谈会已经开了 3 天。这次会议是在以城市为重点的全面改革向纵深发展的情况下,在各地深入贯彻中央《关于社会主义精神文明建设指导方针的决议》的大好形势之下召开的。会议通过交流经验,座谈讨论,将提高对城市街道居委会工作重要性的认识,推动居委会积极参加社会主义精神文明和物质文明的建设,解决目前居委会建设中迫切需要解决的问题,把全国城市居委会工作推向一个新的阶段。几天来,石家庄市人民政府、市民政局、石家庄市六个居民委员会,沈阳市、牡丹江市、三明市人民政府,北京市、上海市、青岛市、大连市中山区、成都市东城区民政局做了经验介绍;上海市、北京市做了简政放权、加强街道办事处建设试点情况的汇报;会议还组织参观了石家庄市几个居民委员会。通过经验介绍和现场参观,使大家打开了眼界,开阔了思路,受到了启发。会议从明天开始,就要转入座谈讨论了。为了便于大家讨论问题、研究问题,现在,我就如何加强居民委员会的建设,充分发挥居民委员会在城市两个文明建设中的作用问题讲几点意见。

　　一、对城市居民委员会工作的基本估价

　　我国城市居民委员会是 1954 年颁布《城市居民委员会组织条例》以后普遍建立起来的。30 多年来,居民委员会经历了曲折的发展道路。从《条例》颁布到"文化大革命"前这一阶段,广大居委会干部和积极分子,密切配合党和国家的各项中心任务,为巩固人民民主专政,繁荣社会主义经济,奋发工作,取得了显著成绩,赢得了全社会的尊重,享有很高的威望。"文化大革命"中,居民委员会建设受到严重摧残,大批居委会干部和积极分子遭到打击迫害,居委会工作严重削弱。粉碎"四人帮"之后,特别是党的十一届三中全会以来,随着各

---

① 原文标题为《加强居民委员会建设充分发挥居民委员会在城市两个文明建设中的作用》。

条战线的拨乱反正,居民委员会工作重新走上了健康发展的轨道。1982年12月,居民委员会载入了五届人大五次会议通过的新宪法,进一步确立它的法律地位。几年来,在各级党委和政府的领导下和民政部门的具体指导下,居民委员会普遍进行了整顿,加强了组织建设和制度建设,自治作用得到进一步发挥,居委会工作出现了蓬勃发展的新局面。

居民委员会动员广大居民广泛深入地开展"五好家庭""文明楼院""五讲四美三热爱""拥军优属"和军民共建文明街等活动,采取多种形式,丰富居民的文化和精神生活,照顾烈军属和荣誉军人,关心帮助鳏寡孤独和残疾人,常年持久地开展爱国卫生运动,协助人民政府做好城市建设和管理工作,绿化、美化居民区,移风易俗,推动了社会主义精神文明建设的发展。

居民委员会积极协助政法机关严厉打击刑事犯罪活动,参加社会治安的综合治理,坚持向广大居民进行社会主义法治宣传教育,组织居民开展群众性的治安联防活动,及时调解民间纠纷,耐心帮教失足青少年和劳改、劳教释解人员,促进了社会治安和社会风气的稳定好转。

居民委员会从实际出发,想群众之所想,急群众之所急,为方便居民的生产和生活,安置待业青年和有劳动能力的残疾人就业,大力兴办社区文化、教育、卫生、公益服务事业,做了大量的好事、实事,受到了广大群众的欢迎和称赞。

居民委员会认真宣传党的路线、方针和政策,动员居民响应党和政府的号召,遵守国家的法律、法规,及时向人民政府反映居民的意见、要求和建议,密切了党和政府与人民群众之间的联系。

这次会议上交流的几十份典型材料,只是全国八万多个居民委员会和家属委员会工作的缩影。它生动地说明了居民委员会无论是在社会主义精神文明建设中,还是在社会主义物质文明建设中,都做了大量的、实实在在的工作,都发挥了它的重要作用。可以这样说,全国城市安定团结的政治局面,社会主义精神文明建设的蓬勃发展,经济建设蒸蒸日上的大好形势,都同居民委员会的工作密切相关,都有居民委员会的一份功劳。居民委员会确实是具有中国特色的长期行之有效的基层组织形式,广大居委会干部不愧是城市两个文明建设中的无名英雄,是千家万户居民的贴心人。在此,我代表民政部向长年累月、勤勤恳恳、任劳任怨、脚踏实地工作在第一线的广大居委会干部,表示亲切的慰问和崇高的敬意! 向所有关心、支持、领导居委会工作的各级政府、街道办事处、机关、团体、部队、企事业单位表示衷心的感谢!

几年来,各地在居委会建设和工作实践中积累了丰富的经验。概括起来,我认为主要有以下几点:

第一,加强居委会领导班子建设是做好居委会工作的中心环节。毛泽东同志指出:"政治路线确定之后,干部就是决定的因素。"实践证明,哪里居委会领导班子建设得好,哪里居委会工作就充满活力,各项工作就效果显著。把居委会领导班子建设好,说到底是做好这样几件事:(一)从本地实际情况出发,多方开辟居委会干部的来源,选拔有知识、会管理、热心居委会工作的明白人;(二)发扬民主,坚持民主选举,民主管理;(三)加强干部培训,不断提高他们的思想道德素质、业务素质和科学文化素质;(四)整顿、加强居民委员会的基础组织居民小组的工作,不断扩大积极分子队伍;(五)妥善解决居委会干部的生活补贴。做到了以上几点,并且根据出现的新问题、新情况,不断改进完善,就能把居委会领导班子和居民小组建设好,居委会干部队伍就能得到稳定,做好居委会工作就有了组织上的保证。

第二,积极兴办便民利民的服务事业,是搞活居委会工作的重要途径。居委会是城市居民群众自己组织起来进行自我教育、自我管理、自我建设、自我服务的群众性自治组织。发展社区公益和服务事业,努力为群众办几件好事、实事,既是衡量居委会工作优劣的重要标志,又是解决居委会建设中诸多难题的重要条件。实践证明,哪里的居委会社会服务搞得好,哪里的居委会工作就活跃,在居民中的威望就高,居民就关心居委会工作。

第三,开展经常性的评比表彰活动,是促进居委会工作发展的有效措施。通过开展评比表彰活动,可以鼓励先进,鞭策后进,提高居委会干部的荣誉感和责任感,有利于推行居委会工作目标管理和居委会干部目标任期责任制。同时也为居委会工作提供了互相学习、互相促进的机会。评比表彰活动要在政府的统一领导下,吸收公安、司法、卫生、计划生育、妇联、爱卫会、宣传新闻等部门参加,民政部门负责办理日常工作。

第四,党政领导重视,是搞好居委会工作的关键。居委会工作是城市工作的一部分,城市党政领导对这项工作重视程度如何,决定这项工作的好坏。各地的经验证明,加强领导,就是要充分认识居委会在城市工作中的地位和作用,切实把居委会当作城市工作中一项重要的基础工作来抓;加强领导,就是要采取有效措施,加强居委会领导班子建设和业务指导,及时解决居委会建设和工作中存在的问题;加强领导,就是要督促和支持民政部门做好居委会组织建设和制度建设等工作,充分发挥民政部门的参谋助手作用。

二、新时期居委会的地位、作用和主要任务

党中央在新的历史时期提出的以经济建设为中心,坚定不移地进行经济体制改革,坚定不移地进行政治体制改革,坚定不移地加强精神文明建设,并且使这几个方面互相配合,互相促进的总体布局,使城市在我国社会主义现代化建设中的地位更加突出了。随着党的对外开放,对内搞活经济的一系列方针的贯彻落实,城市工作出现了许多新情况和新问题,如:城市流动人口急剧增加,居民居住状况有了很大变化,居民中老人、离退休人员比例增大,居民物质生活水平提高了,对精神文化生活提出了新的要求,广大居民要求有一个舒适、整洁、安全、方便的生活环境等。在这种情况下,作为城市工作不可缺少的重要组成部分的居民委员会工作,就显得十分重要。居委会是城市最基层的组织,是党和政府联系群众的纽带,是社会主义物质文明和精神文明建设的一支重要力量。据统计,全国一共有 80000 多个居民委员会,349000 多名居民委员会干部。全国各地城市都有数百个或上千个居民委员会。不把居民委员会这个重要的基础工作搞好,党的路线、方针、政策,国家的法律、法规就难以落实到广大群众之中去,社会主义精神文明建设的任务就难以落实到基层,社会治安和社会风气的根本好转就难以实现,城市的经济建设和人民生活就要受到影响。居民委员全工作与城市的两个文明建设密切相关。一个城市,如果不依靠基层,如果不依靠群众,不把居委会的力量组织起来,动员起来,不把工人、知识分子、居民群众(包括离退休人员)的积极性充分调动起来,城市的工作就难以做好。因此,加强居委会工作,充分发挥居委会的作用,对于促进城市社会治安和社会风气的根本好转,保证城市经济体制改革和政治体制改革的顺利进行,推动城市社会主义物质文明和精神文明建设,实现党在新的历史时期的总任务、总目标,具有十分重要的意义。

居民委员会的任务,宪法做了原则规定,我们还要结合修订《城市居民委员会组织条例》,把宪法规定的原则具体化。根据党的十二大和十二届六中全会通过的关于加强社会主义精神文明建设指导方针的决议的精神,结合目前城市工作出现的新的情况,我们认为,当前和今后一个时期,居委会应当着重抓好以下几个方面的工作:

1. 加强社会主义精神文明建设。加强社会主义精神文明建设是全党、全社会的共同任务,是居民委员会的首要职责。居民委员会要同驻在本居住地区的机关、团体、部队、企事业单位密切配合,共同建设社会主义精神文明。要

对居民群众进行社会主义法则、道德和纪律教育,发动群众制订居民公约,在居民中树立公民的权利义务观念和社会主义道德规范。教育居民爱祖国、爱人民、爱劳动、爱科学、爱社会主义,关心集体,顾全大局,反对损人利己、损公肥私的思想和行为。要发扬社会主义人道主义精神,扶贫济困、尊敬老人、保护妇女儿童、照顾烈军属和荣誉军人、关心鳏寡孤独和残疾人,树立社会主义的道德风尚。要在居民区和居民家庭中开展文明、健康、科学的生活方式的建设,把有理想、有道德、有文化、有纪律的总要求融入人们的日常生活之中,建设家庭内部和邻里之间平等、友爱、团结、互助的社会主义新型的人与人之间的关系。要发动群众开展爱国卫生活动,实行计划生育,改变落后愚昧的习俗,破除封建迷信活动。要通过各种有效的形式,开展社会主义精神文明建设活动,把本居住区建设成为一个文明、整洁、安全、方便的居住区。

2.积极参加社会治安的综合治理。社会治安综合治理的各项具体措施最终要落到基层政权、基层单位、基层组织。居民委员会在社会治安综合治理中负有重要职责。居民委员会要采取各种形式,广泛深入地对居民群众进行社会主义法治宣传教育,增强广大居民的法治观念,自觉守法,并同违法行为作斗争。要发展壮大治安积极分子队伍,及时掌握社情,协助公安司法机关破案,严厉打击各种犯罪活动,协助政府维护社会治安和社会秩序。要组织居民开展各种形式的治安联防和值班巡逻活动,预防刑事案件和治安案件的发生。要协助做好帮教失足青少年及劳改、劳教释解人员的教育和安置工作,不仅使他们不再重新犯罪,并且为四化建设做出贡献。要及时调解民间纠纷,做好疏导工作,把不安定的因素消灭在萌芽状态之中,防止矛盾激化。要通过扎扎实实的工作,努力使本居民区无刑事案件发生,一般民事纠纷能够在本居民区得到及时调解,不使矛盾升级。

3.积极兴办各种社会服务事业。随着生产力的发展和社会的进步,居民对社会服务事业的需求不断增加。由于国家的财力有限,发展服务事业依靠政府是难以办到的。居民委员会要专心处理好城市人民的生活和社会服务问题,专心处理好老年人问题;专心处理好军队离退休干部的问题。要广泛发动群众、动员社会力量,从实际出发,大力兴办便民、利民的服务事业,解决他们当中诸如入托难、取奶难、存自行车难、吃早点难、请保姆难等种种不便,尽量减少他们的后顾之忧,以便他们精神饱满、专心致志地工作和学习,幸福愉快地生活。

4.协助政府做好工作,密切党和政府同居民的关系。居民委员会要认真宣传党和政府的方针、政策,动员居民积极响应党和政府的号召,遵守国家的法律、法规,倾听群众呼声,及时向政府反映居民的意见、要求和提出建议,组织居民参加社会事务的民主管理,行使当家做主的权利。

居民委员会抓住了这四条,就抓住了最主要的东西,就一定会把各项工作带动起来。

三、采取切实措施,解决居民委员会建设和工作中存在的实际问题

当前居民委员会建设和工作中还存在若干不相适应的方面。一是任务过重,不少地方把居民委员会当成基层政府的办事机构,把本来属于基层政府业务部门的工作也推给了居民委员会,使居民委员会负担过重,穷于应付,顾此失彼。二是居委会干部素质不能适应工作的需要。三是一些地方居委会干部的生活补贴和办公经费、办公用房没有得到妥善解决,造成居民委员会干部队伍不稳定,甚至没人愿做居民工作。四是兴办的社会服务事业的性质不明确、缺少相应的扶持保护政策,不少居民委员会举办的服务网点被无偿收走,大大挫伤了居民委员干部的积极性。为了使居民委员会充满活力,真正成为能够有效地管理本居住地区政治、经济、文化和基层社会生活的自治体,充分发挥它在城市两个文明建设中的作用,需要采取有效措施,切实解决存在的这些问题。

1. 减轻居民委员会的工作负担。宪法规定,居民委员会是城市基层群众性自治组织。这就是说,居民委员会不是一级政权组织,也不是个一级行政组织,它是由居民自己组织起来,在国家法律规定的范围内,进行自我教育、自我管理、自我建设、自我服务的群众性自治组织,是人民实行直接民主的形式。各级政府及其派出机关同居民委员会不是行政隶属关系,而是工作指导关系。居民委员会应当协助政府做好同居民利益有关的行政工作,但不是政府的办事机构。要尊重居民委员会的法律地位,维护它的自治权益。凡属政府机关职责范围的工作,不要推给居民委员会。确需居民委员会协助完成的事项,应当由街道办事处或基层人民政府统一安排。除此之外,任何政府工作部门、群众团体,不要直接给居民委员会布置工作。

2. 提高居民委员会干部队伍的素质。居民委员会工作搞得如何,干部素质起决定作用。因此,要花大的气力,切实加强居民委员会的队伍建设,特别是要加强居委会领导班子的建设。要广开门路,多方开辟居民委员会干部来源。近几年来许多地方大批吸收离退休干部和职工参加居民委员会工作;一

些地方在待业知识青年和其他无业居民中选拔优秀分子参加居民委员会工作;一些地方从厂矿或事业单位中选派干部职工参加所在地的居民委员会工作,改善了干部结构,加强了居委会的领导力量,都收到了较好的效果,应当继续坚持和推广。为了从根本上改变目前居委会干部队伍年龄大、文化水平低的状况,应当有领导、有计划地招聘一些年轻的、有文化的、愿意从事街道居委会工作的优秀人才进入居委会领导班子,使居委会中充实一批朝气蓬勃的年轻力量,切实加强居委会的组织建设。这样做的前提是,一定要有吸引人才的经济手段。武汉市汉阳区晴川街道、内蒙古自治区固阳县通过建立街道居委会社会福利基金的办法,在这方面进行了初步尝试,收到一定成效。他们这个做法,很值得各地学习和借鉴。在解决好居委会干部的来源问题以后,培训居民委员会干部的工作也必须相应地跟上。要采取措施,制订规划,按照中央〔1986〕22号文件的要求,把培训居民委员会干部的工作开展起来,并逐步使培训工作做到经常化、制度化。

3.切实解决好居民委员会干部的生活补贴和办公经费、办公用房。关于居民委员会干部的生活补贴问题,不少地方已经因地制宜制订了解决的办法,多数地方的做法是从地方财政拿一些,从街道集体企业上缴利润中提取一些,从居民委员会举办的服务网点利润中补助一些。我们认为这个办法比较实际。当然,也不排除从本地实际情况出发,采取其他的办法。总之,不论采取什么办法,都要使居民委员会干部的经济补贴得到落实,生活待遇得到提高。对于从事居民委员会工作多年,因年老体弱退下来的居民委员会干部,也要参照上述原则给予适当的生活补贴,使这些为党、为人民、为居委会工作做出贡献的同志老有所养,安度晚年。关于居委会的办公经费问题,目前不少地方居民委员会办公经费还执行着五十年代规定的标准,有的连房租、电话费都交不起,保证不了起码的办公需要,要予以适当提高。关于居委会办公用房问题,有些地方的居民委员会没有办公用房,影响了居委会工作的开展。要采取多种途径加以解决,这就是:新建居民的住宅区,要按国家有关规定将居民委员会办公用房纳入规划;老居民住宅区居民委员会没有办公用房的,由房产部门统一规划调剂或区街自筹建筑解决;被企事业单位占用的,由占用单位负责解决;家属委员会的办公用房由本单位负责解决。

4.扶持和保护居民委员会兴办社会服务事业。居民委员会兴办便民利民的社区服务网点,是一件一举多得的好事。不仅为国家创造了财富,方便了居民的生活,而且可以补充居民委员会干部生活补贴和办公经费的不足。我们认为,对居民委员会举办的社会服务事业,要积极提倡,扶持发展,在政策上给予保护。居民委员会举办的服务网点,其性质属于社区居民集体所有。除街道提取少量的管理费以外,任何部门都不应该无偿平调其资产和利润。要研究制订有关的法规,以保证居委会收入的正确使用和不受侵占,前些年一些地方、部门无偿平调,上收居民委员会举办的服务网点,凡是与社区居民利益有关、居民委员会适合经营的,建议原则上退还给居民委员会;不能退还的可以改成与居民委员会联营;或返还一部分利润给居民委员会。对盈利微薄,居民生活不可缺少的服务项目,建议有关部门在提供场地、办理营业执照、技术指导、物资供应等方面给予积极支持,并根据不同情况酌情减免税收。为了不影响居民委员会的正常工作,居民委员会干部不要直接参加服务网点的生产和经营,可指定专人负责管理此项工作。

四、加强对居民委员会工作的领导

居民委员会工作是城市工作的重要组成部分,是一项十分重要的基础工作。建议各级人民政府特别是市辖区和不设区的市人民政府要切实加强对这项工作的领导。要把居民委员会工作纳入议事日程,确定专人负责。经常研究解决居民委员会建设和工作中存在的问题,定期培训居民委员会干部,广泛开展评比先进居民委员会和先进居民委员会干部的活动,大力表彰为城市建设做出贡献的居民委员会和居民委员会干部,把居民委员会工作提高到一个新的水平。

街道办事处是城市基层政府的派出机构,负有直接指导居民委员会工作的职责。随着城市经济和各项事业的发展,日前,街道办事处已经远远超出了1954 年《城市街道办多处组织条例》所规定的三项任务,实际上已经起到一级政府的作用。但是,由于缺乏必要的权力,它又难以完成所承担任务。因此,应当适应城市经济体制改革的新形势,积极探索城市基层政权的管理体制问题,加强街道办事处的建设。要本着简政放权搞活的精神,使街道享有同它所承担任务和适应的权力,以体现出充分活力。会上,上海、北京介绍了这方面的做法,可供各地借鉴。鉴于城市基层政权体制的改革比较复杂,还涉及宪法,需要特别慎重。建议各地从本地情况出发,选择一两个街道,从简政放权入手进行试点。在试点的基础上,制订《街道办事处暂行工作条例》,以使街道办事处有章可循。街道办事处要把指导居民委员会工作作为自己的工作重点抓紧抓好。特别要下气力抓好居委会领导班子的建设。要加强负责指导居民委员会工作的组织机构,选派能力较强的干部联系和指导居委会工作。

民政部门是负责城乡基层政权建设日常工作的部门。各地民政部门要切实按照中央〔1986〕22 号文件的要求,把基层政权建设的日常工作列为自己的重要任务,作为一项重要工作纳入议事日程,按照文件确定的六项职责,积极开展工作。街道办事处作为城市基层政府的派出机构,它的组织建设和制度建设完全属于基层政权建设的范畴,民政部门应当负起责任,做好这方面的工作。要及时总结、交流经验,调查研究基层政权和基层群众性自治组织建设中的情况和问题,提出改进和加强的意见,当好各级政府的参谋和助手。当前,还要认真抓好中央〔1986〕22 号文件的贯彻落实工作,安排好明年党委、政府布置以及自身所要抓好的几项工作,争取每年都能办好几件实事,把农村基层政权建设工作做好。希望各级政府要支持和督促民政部门做好城乡基层政权建设日常工作,帮助理顺关系,疏通工作渠道,解决工作中遇到的困难和问题。

我们相信,通过这次会议,大家提高了认识,明确了方向,学到了经验,增强了信心,在各级党委和政府的领导下,一定能把居委会工作做得更好,并且取得更大的成绩。

1986 年 12 月

【选自《民政工作文件选编》1986 年】

关于杭州市上城区城站街道福缘巷居委会
发展集体经济的情况调查①
——浅谈居委会办经济的意义作用

城站街道福缘巷居委会,地处城站火车站西侧,有居民 440 户,1247 人,设 7 个行政小组。这个居委会从 1979 年以来,集体经济逐步发展,经济效益与社会效益同步提高,居委会建设得到加强,多次受到市区领导的赞扬和社会舆论的好评,连续三年被评为区级文明单位。1986 年,这个居委会总利润收入达到 19.5 万余元。居委会集体经济的巩固发展,为精神文明建设提供了物质基础,为辖区居民办实事、为民造福创造了条件,意义深远。

现对调查情况,谈点浅见:

一、居委会举办一些服务性经营型经济实体,发展集体经济,是居委会开展工作的物质基础。1979 年,居委会面对大批待业青年和一部分社会闲散人员就业的迫切要求,千方百计,群策群力,在办事处指导和辖区单位的支援下,从无到有,从小到大,逐步办起了塑料、自行车零件加工,小件行李寄存处、托儿所、红星绸缎商店等 10 家企事业服务单位,先后安置了待业青年,社会闲散人员和残疾对象共 146 人,为当时解决"就业难""入托难"和方便群众生活做出了贡献。

居委会办经济,也是属于集体经济范畴,其特点是:本居住地的全体居民均为自然成员,所有权属全体居民;经营目的是为本居民区的居民群众服务,带有社会福利性质;经营方式是独立经营,自负盈亏。发展居委会集体经济,是商品经济发展到一定程度和居民生活进一步社会化的产物。居委会作为城市基层群众性自治组织,是本居民区居民利益、意志的代表者和执行者。因此,它有权调用委办经济一定财力,用于扩大再生产。举办本居住区的公益事业和公共事务,补贴居委会经费之不足。同时,也对国家税收承担义务。七年来,这个居委会上缴给国家的税利就达 37.6 万余元,企业资金积累 43 万余元。

---

① 原文标题为《关于福缘巷居委会发展集体经济的情况调查》。

二、居委会办集体经济是城市经济和社会生活的重要组成部分。城市经济的发展对城市生活的社会化提出了更高的要求。街道、居民区举办以第三产业为主体的集体经济实体,首先适应了这一要求。这个居委会立足于服务,把社会效益放在第一位。通过兴办各种拾遗补阙的生产生活服务网点和家务劳动服务小组,他们办起了为旅游者服务的红星绸缎商店、小件行李寄存处,为本辖区居民服务的开水站、医疗站、幼儿园等单位,做到了小型多样,收费低廉,有偿与义务服务相结合,既讲经济效益,更注重社会效益,深受广大群众的欢迎。同时,居委会集体经济的发展也活跃了市场,方便了生活,成为整个国民经济的必要补充和不可缺少的一个组成部分。

三、发展居委会集体经济是增强居委会自身活力,发挥群众性自治组织作用的重要保证。居委会作为群众性的自治组织,它的一切活动的开展,必须要有一定的经济基础。首先,居委会有了经济条件,可以解决一些居民的实际困难问题,解除职工的后顾之忧,密切与群众的关系。1979年,居委会为了解决"入托难"问题,采取向房管站租房的办法解决幼儿园场地,又从集体经济积累中拨出数千元钱添置办园设备,使辖区内80多名6周岁以下的幼儿全部入托。许多家长高兴地说:"居委会为我们办了一件大好事。"1986年,居委会考虑到居民区数百名退休工人和青少年缺乏活动场所,业余文化生活枯燥,于是决定再拨出2万余元资金,新建了一幢两层楼的文化活动室,80余平方米,新添了22英寸的彩电,增订了27种报刊等物品,使居民有了一个理想的文化活动场所,受到了退休工人和青少年的欢迎以及群众的赞扬。其次,居委会既是群众性的自治组织,其一切活动经费不可能全部列入国家计划之内。有相当一部分就需要居委会自己来解决。这个居委会为群众办好事、实事,主动承担了一户社会孤老的生活费,以及节假日为烈军属、困难户开展"四定"服务;仅去年一年,这方面的开支就达2.97万余元。

四、居委会办经济也是城市基层社会保障体系的重要依托。这个居委会对3位烈属孤老和社会孤老、5名残疾人员、7名"双劳"对象进行了包户服务和帮助解决生活出路,所有这一切,也都属于社会福利性质。特别值得一提的是,这个居委会所辖地区内有一户六口之家,有五个是呆子,生活极端困难。居民洪彩姑不会料理家务,全靠丈夫(健全人)一人做工度日。居民区创办了加工服务组后,将洪彩姑和第二个儿子安排进单位做些力所能及的工作,收入有一定保障,又把既呆又哑的小儿子安排进了"工疗站",也有了生活保障,以后又把她的大儿子安排了工作,这样,洪彩姑一家六口有五人有了工作,经济收入明显增加。前几年又分到了新房,添置了电视机和家具。洪彩姑从劳动中增加了智慧,学会了料理家务,烫了发,穿上了新衣,昔日的"呆婆儿"变成了整洁的主妇。周围的居民都称赞说:"洪彩姑一家,多亏了居委会的帮助照顾,才有了今天的一切啊!"

居委会办经济,意义很深,作用很大,但是困难不少。特别是缺少资金和场地,还远远不能适应形势发展的需要。已办的企事业如只讲社会效益,不注重经济效益,是不能持久的。尤其是家务劳动服务,还需要全社会的重视和支持,在税收等政策上要给予优惠照顾,以增强居委会的活力,发挥其更大的作用。

1986 年

【由杭州市上城区档案馆提供】

1987

天津市人民政府批转市民政局拟订的
《天津市居民委员会便民服务站暂行规定》的通知

津政发〔1987〕73 号

各市区人民政府,有关委、局:

市人民政府同意市民政局拟订的《天津市居民委员会便民服务规定》,现转发给你们试行。

近几年来,我市大多数居民委员会相继建立了便民服务站。开展这种形式的服务活动,不仅方便了群众生活,充实了第三产业的内容,而且解决了一部分闲散和待业人员的就业问题,受到群众的普遍欢迎。实践结果,成效是显著的,证明方向是对头的。各有关部门要积极支持服务站的工作,大力促进我市便民服务事业的发展。

天津市居民委员会便民服务站暂行规定

第一条　为了进一步巩固和发展居民委员会以方便居民生活为目的的社会服务事业,特制订本规定。

第二条　便民服务站是由居民委员会兴办的群众性社会服务组织。

第三条　便民服务站应根据居民生活需要,坚持因地制宜,拾遗补漏的原则,兴办多种形式的便民服务事业。

第四条　便民服务应注意社会效益,同时也要讲求经济效益,对所办的服务项目可收取一定费用。

第五条　居民委员会兴办的便民服务站属居民委员会集体所有。任何部门不能平调,不得上收。

第六条　便民服务站的服务人员,以社会闲散人员、离退休人员和待业青年为主。不享受补贴的居民委员会积极分子,在不影响正常工作的情况下,可以参加便民服务。

第七条　居民委员会除由 1 名主任或副主任分管便民服务工作外,其他主任不再担任便民服务站的负责人,不参与具体的服务活动。

第八条　便民服务所得收入的分配,主要用于扩大服务、兴办居民区的公共福利事业、居民委员会办公经费的补贴和居民委员会积极分子的奖励。有条件的居民委员会,还可以用于退养积极分子生活困难的补助。具体分配比例由各区自定。

第九条　便民服务站可以按街道区域建立联合组织,该组织受街道办事处委托,掌握便民服务站的服务方向,加强业务指导;代管便民服务站财务,指导便民服务站各项资金的合理使用;帮助便民服务站疏通渠道,协调关系,解决实际困难。

第十条　便民服务联合组织的工作人员可以聘请懂业务、会管理的离退休人员担任。

第十一条　便民服务站应实行统一管理、分别记账的财务管理办法。所得收入定期向便民服务联合组织送交,联合服务组织每月对各站的收入情况进行核定。便民服务站在规定的范围内有权支配自己的收入积累。

第十二条　便民服务站要建立物资、设备建卡,并确定专人管理。便民服务联合组织应掌握这些设备、物资的底卡。防止平调、乱占私用。

1987 年 5 月 24 日

国务院批转民政部《关于加强城市
街道居民委员会工作报告》的通知

国发〔1987〕56 号

各省、自治区、直辖市人民政府,国务院各部委、各直属机构:

国务院同意民政部《关于加强城市街道居民委员会工作的报告》,现转发给你们,请遵照执行。

中华人民共和国国务院

1987 年 6 月 15 日

关于加强城市街道居民委员会工作的报告

国务院:

为了加强城市街道居民委员会的建设,充分发挥居民委员会在城市两个文明建设中的作用,我部于 1986 年 12 月 3 日至 9 日,在河北省石家庄市召开了全国城市街道居民委员会工作座谈会。会议总结了居民委员会工作取得的成绩,分析了存在的问题,讨论了新时期居民委员会的地位、作用和主要工作,研究了在城市经济、政治体制改革和社会主义精神文明建设的新形势下,进一步加强居民委员会建设的措施,形成了一致的意见。现报告如下:

一、居民委员会在新的历史时期的地位、作用和主要工作

我国城市居民委员会是在 1954 年 12 月《城市居民委员会组织条例》颁布以后普遍建立起来的。三十多年来,特别是新宪法颁布以来,居民委员会在社会主义革命和建设中发挥了重要作用,在办理公共事务和公益事业、调解民间纠纷、协助维护社会治安、普及法律教育、移风易俗、向人民政府反映居民的意见、要求和建议等方面,做了大量的工作,促进了城市的安定团结,促进了社会主义物质文明和精神文明建设的发展。

居民委员会是城市基层群众性自治组织,是党的政府联系群众的桥梁和纽带,是社会主义物质文明和精神文明建设的一支重要力量。在新的历史时

期,加强居民委员会的工作,充分发挥居民委员会的作用,对于贯彻落实党的十一届三中全会以来的路线、方针、政策,发展安定团结的政治局面,建设高度的社会主义民主,促进城市社会主义物质文明和精神文明建设,具有重要的意义。

今后一个时期居民委员会的主要工作是:

(一)加强社会主义精神文明建设。居民委员会要同本居住地区的机关、团体、部队、企事业等单位密切配合,共同建设社会主义精神文明。要对居民进行社会主义法治、道德和纪律教育,进行爱祖国、爱人民、爱劳动、爱科学、爱社会主义的教育。要扶贫济困、尊敬老人,保护妇女儿童的合法权益,照顾烈军属和荣誉军人,关心鳏寡孤独和残疾人。要广泛开展文明楼(院)、五好家庭的评比表彰活动,建立家庭内部、邻里之间平等、友爱、团结、互助的社会主义新型的人与人之间的关系。要积极兴办老年人活动站、青少年文化站,通过多种有效形式,活跃居民的精神文化生活。要发动群众开展爱国卫生活动,绿化、美化环境,实行计划生育,改革落后愚昧的习俗,破除封建迷信活动,努力把本居住区建设成为文明、整洁、安全、舒适的居住区。

(二)积极参加社会治安的综合治理。居民委员会要采取多种形式,在居民中普及法律知识,增强居民的法治观念。要组织居民开展治安防范活动,协助公安、司法机关严厉打击各种犯罪活动,维护社会治安和社会秩序,做好帮教失足青少年及劳改释放、解除劳教人员的工作,防止和减少犯罪。要及时调解民间纠纷,做好疏导工作,防止矛盾激化。努力使本居住区无刑事案件发生,一般民事纠纷能够得到及时调处。

(三)积极兴办便民、利民的生产、生活服务事业。居民委员会应当充分发挥自我服务的作用,广泛发动群众,动员社会力量,大力兴办便民、利民的生产、生活服务事业,解决居民生活中种种不便,尽量减少他们的后顾之忧,使之专心致志地工作、学习,幸福愉快地生活。

(四)教育居民履行依法应尽的义务,密切人民政府同居民的关系。居民委员会要认真宣传党和政府的方针、政策,教育居民遵守国家的宪法、法律、法规,自觉履行法律规定的公民义务,如计划生育、服兵役、义务教育等,组织居民参加社会事务的民主管理,行使人民当家做主的权利。要及时向人民政府反映居民的意见、要求和提出建议。

二、认真解决居民委员会建设和工作中存在的问题

当前,居民委员会建设和工作中还存在一些问题。主要是:任务过多过重;干部素质与工作需要不相适应;一些地方干部的生活补贴和办公经费、办公用房未得到妥善解决;兴办便民、利民的生产、生活服务事业缺乏相应的扶持保护政策。为了进一步发挥居民委员会在城市两个文明建设中的作用,真正把居民委员会建设成为有活力、有威望的基层群众性自治组织,各级政府要采取有效措施,切实帮助解决一些实际问题。

(一)减轻居民委员会的工作负担。各级政府及其派出机关要切实尊重居民委员会的法律地位。今后,凡属政府职能部门职责范围内的工作,不要推给居民委员会。确需居民委员会帮助完成的事项,应当由街道办事处或基层人民政府统一安排,其他部门和群众团体,不得直接给居民委员会布置工作。

(二)提高居民委员会干部队伍的素质。要广开门路,多方开辟居民委员会干部来源,可以采取选聘或吸收离退休人员,在待业知识青年中选拔优秀分子,从厂矿或事业单位中选调优秀职工参加所在地的居民委员会工作等办法,改善居民委员会的干部结构。同时,要采取措施,制订规划,把居民委员会干部的培训工作开展起来,并逐步使培训工作经常化、制度化,提高居民委员会干部的素质。居民委员会干部要发扬密切联系群众的优良传统,经常深入居民家庭,知百家情,办百家事,与群众打成一片。涉及居民利益的重大问题,要发动居民民主讨论决定。

(三)切实解决居民委员会建设和工作中的实际困难。目前,居民委员会干部生活补贴过低,办公经费较少,有些地方还执行着五十年代规定的标准,实际困难很多。各级人民政府要制订具体办法,按照当地居民的实际生活水平确定统一的补助标准,妥善解决居民委员会干部的生活补贴问题。所需经费,由各地人民政府具体确定,务使居民委员会干部的生活补贴得到落实。对于从事居民委员会工作多年、因年老体弱退下来的居民委员会干部,也要给予一定的生活补贴。补贴的具体办法和标准,各地根据实际情况自行确定。对于居民委员会的办公经费,要予以适当提高,以保证居民委员会起码的办公需要。要采取多种途径解决居民委员会的办公用房。新建居民住宅区,要按国家有关规定将居民委员会办公用房纳入基建规划。老居民住宅区居民委员会没有办公用房的,由市、区人民政府统筹解决。

(四)扶持和保护居民委员会兴办便民利民的生产、生活服务事业。居民

委员会兴办便民利民的生产、生活服务网点,是件一举多得的好事,不仅可以为国家创造财富,方便居民的生活,而且可以补充居民委员会所需经费的不足。各级人民政府要积极提倡,从政策上给予扶持和保护。居民委员会举办的生产、生活服务网点,其资产和利润任何部门不得无偿平调。前些年已经无偿平调或上收的服务网点,凡是与当地居民生活密切相关、适合居民委员会经营,且具备腾退条件的,原则上要退还给居民委员会;不能退还的可与居民委员会实行联营或返还一部分利润给居民委员会。对居民委员会兴办的盈利微薄、方便居民的生活服务项目,有关部门要在审批场地、办理营业执照、技术指导、物资供应等方面给予积极支持,税收问题按《中华人民共和国集体企业所得税暂行条例》的有关规定办理。

三、加强对居民委员会工作的领导

加强对居民委员会工作的领导,是做好居民委员会工作、发挥其作用的关键。建议各级人民政府切实加强领导,把居民委员会工作纳入议事日程,确定专人负责,研究解决居民委员会建设和工作中存在的问题。定期培训居民委员会干部,广泛开展评比、表彰先进居民委员会和先进居民委员会干部的活动,动员城市各部门、各单位和全体居民关心、支持居民委员会的工作,切实帮助解决工作中的问题。

街道办事处是城市基层政府的派出机关,负有直接指导居民委员会工作的职责。因此,应当结合城市经济体制改革和政治体制改革,本着简政、放权、搞活的精神,加强街道办事处的建设,使街道办事处享有同它所承担的任务相适应的财力和行政管理权力。各地人民政府可从本地实际情况出发,选择一两个街道进行简政放权的试点。街道办事处要把指导居民委员会的工作作为一项重要工作抓紧抓好。

民政部门是负责城乡基层政权建设日常工作的部门。要及时总结、交流经验,调查研究城市基层政权和居民委员会工作中的情况和问题,加强对居民委员会工作的指导,努力使居民委员会工作出现一个新局面。

以上报告如无不妥,请批转各地执行。

民政部

1987 年 5 月 27 日

南京市鼓楼区街道城市综合管理暂行办法

城市综合管理工作是城区街道工作的重点,是精神文明建设的重要内容。在新形势下,搞好街道城市综合管理,必须坚持以法治城,以块为主,各负其责的原则,做到责权利和人财物的统一。具体应重点抓好五个方面的管理工作。

一、市容卫生管理

1.街巷、院落管理。街道负责辖区内街巷院落"门前三包"的落实工作,建立检查、评比、挂牌等管理制度,并协助有关部门抓好市、区管道路及"窗口"地段的"门前三包""摊前三包"等项综合治理工作。对违反城市管理法规的单位和居民,街道有权按章罚款。街道应有 2 至 3 名城管兼职工作人员,持城管检查证,负责本辖区内的城管执法工作。区城管监察中队抽调九名城管监察人员到街道直接参加管理,协助街道抓好城管工作。

2.居民小区管理。居民小区可成立大院管理组织,负责大院的治安管理和精神文明建设。大院管理组织可由街道、居委会和有关单位聘用专职或义务工作人员组成,名额多少视工作需要确定。

3.垃圾管理。街道负责把生活垃圾收运到指定地点。区环卫所负责运送,做到垃圾日产日清。垃圾集中点的卫生保洁由街道负责;垃圾中转站的卫生保洁由区环卫所负责。单位代运生活和营业垃圾,统一使用区环卫所发票,收入由区环卫所与街道五五分成。

4.公厕管理。区环卫所负责公厕的清扫、疏通及粪便清运;街道负责公厕卫生的督促、检查、评分和考核。对产权虽不属环卫所,但实际已成公厕的厕所,由环卫所负责粪便清运,所属单位负责打扫和保洁。

5.河道、护坡、明沟管理。区市政所负责河道清淤、堤坡维修、打捞河面漂浮物及喷洒杀虫药物工作;街道负责护坡卫生保洁和明沟的管理。对向护坡和河面倾倒垃圾的单位或居民,经教育无效,街道有权按章罚款。

6.绿化管理。小街小巷及居民院落内的树木、花草由街道负责维护管理;区绿化管理所负责优惠提供苗木、免费设计和技术指导。砍伐树木一律由绿化管理所审批。对因风、雨、雪等原因,影响居民群众安全和交通的树木,街道可进行应急处理,同时通知区绿化管理所。参照有关规定,区房地产局每年从房租收入中拨出 1 万元作为绿化经费,交区绿化委员会;由区绿化委员会按每年每个街道 1500 元拨发给街道(缺额由区绿委员会补足),作为街道的绿化经费。

7. 违章建筑管理。街道要以身作则,带头不搞违章,积极做好拆除违章建筑的宣传教育,并负责辖区内违章建筑的拆除工作,对单位和居民的违章,街道有权按章进行纠正和罚款。违章处理通知书由区城管会统一印制,罚款单据由区财政局提供,罚款收入区、街,按四六分成。

8. 地区卫生管理。区爱卫会负责对各街道爱国卫生运动的指导。街道负责本地区爱国卫生运动的宣传教育、组织发动、检查评比及除害灭病工作。坚持开展食堂卫生和环境卫生联防片活动,开展创文明卫生单位(居委会)、先进食堂活动。

9. 食品卫生和蚊蝇孳生地管理。街道应根据《食品卫生法》和《蚊蝇孳生地管理细则》,加强对饮食、食品行业、个体摊贩以及公共场所、驻区单位的卫生监督管理。对违反《食品卫生法》的单位及个人有权处以 20 元以内的罚款。对违反《蚊蝇孳生地管理细则》的处以 20 至 200 元以内的罚款。罚款统一使用爱卫会的处罚通知单,收入上交区爱卫会 30%,街道自留 70%,用于消毒灭虫工作。

10. 环保管理。街道要有一名干事兼管环保工作;居委会应有一名义务环保监察员。协助区环保局搞好辖区内噪声、烟尘等污染源的监察工作。

二、小区开发、建筑工地管理

1. 规划、建设部门在进行旧城改造和小区开发时,应主动征求所在街道的意见,搞好与群众生活相关的停车场、公共厕所、垃圾中转场地等公用配套设施的建设,搞好新建小区的绿化和地面覆盖工作,解决好规划、建设、管理相衔接的问题。

2. 凡辖区范围内的单位或个人建筑施工,必须向街道预付"清场保证金",以促进施工单位文明施工。"清场保证金"数额为:工程总造价 20 万元以下的,按 1% 预付;工程总造价超过 20 万元以上的部分,按 0.5% 预付,但"保证金"总额不超过两万元。工完场清,经验收符合要求,由街道如数退回"清场保证金";不符合要求,街道可组织力量清理,费用从保证金中支出。

3. 街道设房管分所,负责辖区内民用公房的维修和管理。

三、道路、交通管理

1. 交通管理。街道要加强对辖区内街管道路的交通管理,协助交警部门维护交通秩序,对超重行驶、违章停放等违章行为,有权按章处罚。

2. 道路管理。道路实行区、街分级管理(详见区、街道路新分工表)。道路的挖掘及区管路的占用,由区市政所审批,发挖掘占用通知单给所在街道;街道应协助做好管理工作。街管道路的占用,须经街道同意,报有关部门审批,领取市政统一牌照后,方可施工。街管道路所收的占用费由街道支配。街道有权对辖区内违章占用道路的单位和居民进行处罚,有关部门要积极支持。对管理不善的主管单位,区政府要给予批评教育。

3. 窨井、下水道管理。区市政所负责窨井、下水道的维修和疏通,街道负责监督管理。发现问题,街道应及时向区市政所反映;区市政所必须在半月内负责修复,如有特殊情况,须给予答复。否则,街道可自行组织力量疏通,所需费用由区市政所支付。

四、市场监督管理

1. 个体工商户执照管理。街道辖区内的居民申请个体经营,必须先由居委会、街道签署意见,再到区工商局审批执照。

2. 农贸市场管理。街道负责对辖区内的农贸市场进行管理(江苏路、模范马路、南昌路农贸市场仍由区工商局负责管理),所收管理费,除上交省、市10%和支付协管人员工资、奖金及卫生保洁开支外,其余部分区工商局和街道按五五分成。

3. 工商管理。街道工商物价所有权对违章违法的个体户进行罚款、责令停业整顿(最多三天)或建议区工商局吊销营业执照,有权对违反工商法规的企业和个人进行罚款,并建议区工商局或主管部门责令其停业整顿。街道实行经济处罚的权限是:罚款金额在 50 元以内,没收非法所得金额在 100 元以内。超越上述范围,须报请区工商局研究处理。街道要坚决取缔辖区内的无证摊贩。

4. 物价管理。街道工商物价所应重点抓好辖区内个体户和农贸市场的物价管理,对违反物价法规的企业和个人按章进行罚款。罚款的权限在 50 元以内,没收非法所得的权限在 100 元以内。

5. 税收管理。街道税务组重点负责辖区内个体户和农贸市场的税收工作,对税收的超收部分,区、街按规定比例分成。

五、社会治安综合管理

1.街道社会治安综合治理办公室在街道的领导下,按照"以块为主、条块结合"的原则,负责组织辖区内单位和居委会搞好社会治安综合治理,实行社会治安承包责任制,制订规章制度,落实组织人员,开展"普法"教育,调查了解情况,督促检查工作落实情况。

2."开释、解教"人员的管理。街道应与有关部门密切配合,组织社会各方面力量共同做好"开释、解教"人员的思想教育和安置工作,做好轻微违法青少年的帮教转化工作。

3.民事调解工作。街道应充分发挥调解委员会的作用,坚持"以防为主"的方针,认真抓好民事纠纷的调处工作,防止矛盾激化。

4.街道建立人民法庭,负责审理民事、经济案件。

5.凡街道辖区内的单位,在评定文明单位和对个人授予区级以上政府命名的文明标兵称号时,应事先征求街道意见。

1987 年 8 月

【选自《鼓楼春潮 街道改革开放纪实 1978.12—1998.12》】

哈尔滨市居委会有偿服务网点达 1200 多个①

炒菜中发现没盐了,没关系,不出楼门,一分钟就可以买回来;年轻夫妇晚上想去参加夜大学习,小宝宝谁来照看? 不要紧,每小时两角钱送到附近的早晚寄托所,那里热心的奶奶、阿姨们会细心照料——这是哈尔滨市民政局通过各街道居委会兴办的有偿便民服务给普通居民生活带来的方便。

哈尔滨市是一个拥有 260 万人的大城市。民政部门如何充分发挥居委会在社区服务中的作用? 市民政局领导总结了居委会兴办公益事业和公共福利事业几起几落的历史经验,在 1986 年初,以市政府办公厅的名义下发了文件,重申委办事业"谁办谁管、谁办谁受益"的原则。同年底,又经市政府同意,会同市经委、建委等 7 个部门联合发出了《关于居民委员会生产服务业有关政策问题的通知》,制订了一些优惠政策,如对劳务性的服务项目免征营业税和所得税;对小饮食业、小修理业等本小利微的经营项目,可减免一年的营业税和所得税;委办事业资金不足时银行贷款;工商部门定期深入街道给居委会办理营业执照等。

一年多来,全市 88 个街道已有方便居民生活的服务网点 1230 多个,普遍开设了代办、出租、小修理、小修缮、便民小吃、日常生活服务、老小特需等 7 个方面几十个服务项目,最多的达 120 多项。

居委会兴办服务业,实行有偿服务,不但方便了广大居民,也有了经济收入。一年多来,全市居委会积累了社区服务发展基金 14 万多元,这些资金除一部分用于支付居委会工作人员的工资,其余的都用在发展社区服务事业上,不断扩大服务项目,为居民提供更多的方便。

【选自《人民日报》1987 年 8 月 29 日】

---

① 原文标题为《居委会开展有偿服务深受欢迎 哈尔滨服务网点达一千二百多个》。

武汉市城区形成社区服务网络①

城市经济体制改革,给武汉市城区社会保障工作带来新气象,已形成的网络型社区服务工作,受到国务院有关部门的赞赏。武汉市的社区服务网络,主要是以街道和居委会为依托,国家、集体、联户一起上,兴办小型分散的福利服务设施,给孤、老、残、幼和烈军属排忧解难,一改过去国家包下来的旧格局。

武汉市民政局郭捷局长向记者介绍,武汉市城区已建立老人活动中心487个,残疾人活动中心55个,民俗、红白喜事协会224个,军烈属服务组342个,中老年、残疾人婚姻介绍所70个。全市有26条街道都成立了社会保障工作委员会,都建立了福利院和福利工厂。

对孤寡老人的包护活动,这是武汉市社区服务工作的一大特点。据了解,武汉市城区现有散居孤寡老人3576人,其中无依无靠无生活来源的1332人,由1100个包护组,12000人实行包护。有的是街坊邻里相帮,有的是辖区机关、单位派优秀青年相助。驻武昌某武警部队,换防4次,12年来,从未中断对孤老谢瑞甫夫妇的包护工作。武昌区福利院因地制宜,办起了"老人日托所"。这些老人们白天来,打牌,看报,看书,听戏,逗乐,吃三餐,晚上9点回家时,还提两瓶开水回家洗洗。

记者还注意到,武汉市已有3685名残疾人进了福利工厂,自食其力。

【选自《人民日报》1987年9月17日】

---

① 原文标题为《探索社会保障工作新路子 武汉城区形成社区服务网络》。

全国城市社区服务工作座谈会要求
以居委会为基层单位开展社区服务

今天结束的全国城市社区服务工作座谈会提出，今后要大力发展以街道、居委会为基层单位的社区服务，以解决我国城市居民目前在生活中存在的各种困难，进一步完善我国的社会保障制度。

会议指出，当前，开展社区服务应从以下 7 个方面做起：为老人服务、残疾人服务、优抚对象服务、困难户服务、儿童服务、家庭服务以及其他便民服务，逐步形成服务网络，并不断延伸和扩展。

会议提出，开展社区服务，要坚持因地制宜，从实际出发，从群众最需要而又可能办得到的事开始，由简到繁，由少到多，逐步改善，逐步扩大。

民政部长崔乃夫在今天的会上讲了话。他说，开展社区服务是一个花钱不多，利国利民的大好事。它有利于改善人际关系，促进城市经济体制改革和四化建设的发展。他希望各级领导重视开展社区服务工作，为人们的生活提供更多更好的社会服务。

【选自《人民日报》1987 年 9 月 22 日】

南京市城市居民委员会工作暂行规定

第一条　为了进一步发挥居民委员会在城市两个文明建设中的作用,真正把居民委员会建设成为有活力、有威望的基层群众性自治组织,根据国家有关法律规定,结合本市具体情况,特制订本暂行规定。

第二条　居民委员会是城市基层群众性自治组织,是党和政府联系群众的桥梁和纽带,是社会主义物质文明和精神文明建设的一支重要力量。

第三条　居民委员会的主要任务

(一)坚持四项基本原则,宣传和执行党和政府的方针、政策,教育居民履行依法应尽的义务,密切人民政府同居民的关系。

(二)组织辖区居民参加社会事务的民主管理,行使人民当家做主的权利,及时向人民政府反映居民的意见、要求和提出建议。

(三)加强社会主义精神文明建设,积极开展创建文明居委会、文明楼、文明院落、文明家庭活动,会同本居住地区的机关、团体、部队、企事业等单位,共同把本居住区建设成文明的居住区。

(四)活跃居民的精神文化生活,开展尊老爱幼活动,维护老人、妇女、儿童的合法权益。

(五)进行社会主义法治、道德和纪律教育;开展治安防范活动;及时调解民事纠纷;帮教失足青少年及劳改释放、解除劳教人员;协助公安、司法机关维护社会治安和社会秩序。

(六)配合有关部门积极做好计划生育工作,搞好预防保健工作。

(七)动员本居住区居民和各单位落实城市管理的各项法规,开展爱国卫生活动,搞好家庭和环境卫生,绿化、美化环境。

(八)做好拥军优属、社会救济和社会福利工作,建立平等、友爱、团结、互助的社会主义新型的人与人之间的关系。

(九)充分发挥自我服务的作用,广泛发动群众积极兴办便民、利民的生产、生活服务事业;协助有关部门做好劳动就业和退休人员管理工作。

(十)积极协助政府完成临时性任务。

第四条　居民委员会在街道办事处指导下进行工作,其他部门和群众团体不得直接给居民委员会布置工作,确需居民委员会协助完成的事项,应由街道办事处或基层人民政府统一安排。

第五条　居民委员会辖区规模一般在 600 户左右,住宅小区(楼群)可适当扩大。新增或调整居民委员会由区人民政府报经市人民政府批准。

第六条　居民委员会的组织

(一)居民委员会主任、副主任、委员由选举产生。任期一般为 3 年,可连选连任。任期内因故不能担任职务的,街道可及时帮助补选。委员会由 7 至 9 人组成,设主任 1 名,副主任 1 至 3 人。

(二)居民委员会设调解、治保、福利、妇女、计划生育、卫生、劳动服务等委员会,各委员会主任可由居民委员会主任、副主任或委员兼任。

(三)居民委员会实行民主集中制的组织原则,涉及居民利益的重大问题应发动居民民主讨论决定。

(四)居民委员会应建立和健全工作、学习制度,加强时事政治、政策法令的学习,积极参加区街举办的居民干部培训班,不断提高工作能力和政策业务水平。

(五)居民委员会应定期召开各委员会干部会议报告工作。居民委员会干部要发扬密切联系群众的优良传统,与群众打成一片。

第七条　居民委员会的干部可选聘或吸收离退休人员,选拔待业知识青年中的优秀分子,也可从厂矿或事业单位中选调优秀职工。单位住宅区,职工、家属人数达到居民委员会总人数 70% 以上的,居民委员会主要干部由该单位选配,办公用房和有关经费由该单位全部解决;达到 50% 的承担一半经费;占 30% 以上不足 50% 的承担三分之一的费用。

第八条　居民委员会经费来源,主要是财政补贴、居民委员会自办企业的部分收入,本规定第七条所指的单位解决部分。

第九条　居民委员会干部(不含单位家属区居民委员会干部)福利待遇可与街道企业挂钩,与企业职工同等对待。

第十条　新建居民住宅区,要按国家有关规定将居民委员会办公用房、文化活动室纳入基建规划。

第十一条　居民委员会所辖范围内的所有单位都应积极支持、协助居委会开展工作,并遵守居委会有关公共利益的决议和居民公约。

第十二条　本暂行规定自 1987 年 10 月 1 日起试行。

南京市人民政府
1987 年 9 月 25 日

彭真在人大常委会联组会上
关于把村民委员会和居民委员会办好，
实行群众自治，发扬基层直接民主的报告①

彭真委员长今天说，把村民委员会、居民委员会办好，真正实行群众自治，是最广泛的民主，是国家政治体制的一项重大改革，对扫除封建残余影响，发展社会主义民主有重要的、深远的意义。

彭真今天下午出席了第六届全国人大常委会第二十三次会议的联组会，并在会上讲了话。他说，实行群众自治，发扬基层直接民主，不是今天才提出来的。早在 1953 年决定办街道居民委员会时，就明确了。1982 年宪法明确规定，居民委员会、村民委员会是基层群众性自治组织。对于这个问题，党章和十三大报告都有阐述。

彭真说：10 亿人民如何行使民主权利，当家做主？ 一个方面是通过各级人大行使国家权力。另一个重要方面是在基层实行群众自治，群众自己的事情由群众自己依法去办。这是国家政治体制的一项重大改革。旧社会搞保甲制，有什么群众自治！ 解放区有民主，中央经常强调要反对命令主义、官僚主义、军阀主义，但当时处于战争环境，不可能有完备的群众自治。

彭真说，办好村民委员会，实行村民自治，是一项艰巨的、长期的任务，一下子铺开，都做到，不可能。我们要耐心地、深入地、扎扎实实地做工作，经过试验，逐步推广，成熟一个搞一个，成熟一批搞一批，不要互相攀比，不搞形式主义。

第六届全国人大常委会第二十三次会议今天举行联组会议，讨论审议《中华人民共和国村民委员会组织法试行草案》和《全国人大常委会议事规则草案》。

彭真委员长出席了联组会并讲了话。

---

① 原文标题为《彭真在人大常委会联组会上说 把村民委员会和居民委员会办好 实行群众自治发扬基层直接民主》。

　　前几天的分组审议中,委员们对《中华人民共和国村民委员会组织法试行草案》修改稿和《全国人大常委会议事规则草案》修改稿进行了充分审议,认为这两个修改稿修改得较好,前者基本上吸收了六届全国人大五次会议上代表们在审议这个法律草案时提出的修改意见和建议。同时,委员们对这两个修改稿也提出了一些具体修改意见。为了把保障8亿农民民主权利的《中华人民共和国村民委员会组织法试行草案》修改稿修改得更好,彭真委员长和陈丕显、彭冲副委员长于11月21日上午,邀集列席这次常委会议的29个省、自治区、直辖市人大常委会负责人进行座谈,征求意见。11月22日,全国人大法律委员会开会,对常委会委员们和列席这次会议的地方人大常委会负责人关于《中华人民共和国村民委员会组织法试行草案》修改稿的修改意见和建议进行了逐条研究,根据宪法的规定和党的十三大报告的精神,对试行草案修改稿又提出了一些修改建议,同时研究了委员们关于《全国人大常委会议事规则草案》修改稿的修改意见,提出了修改建议。在今天的联组会上,全国人大法律委员会副主任委员项淳一、张友渔分别就法律委员会关于这两个修改稿的修改建议,向委员们做了汇报。

　　荣毅仁、杨克冰、莫文骅、胡绩伟、胡克实、许涤新、王国权、裘维蕃、马万祺、杨立功、侯学煜、史来贺、苏步青、洪丝丝、陈鹤桥、李贵、马木托夫·库尔班、罗琼、何英、曹龙浩、陈惠波、王金陵、曹禺、宋一平、黄志刚、符浩、曾涛、袁雪芬、宦乡等在联组会上发言。

　　委员们在发言中认为,这两个草案越修改越好。有些委员认为,把乡镇政府对村委会的关系规定为指导、支持和帮助的关系,村委会协助乡镇政府开展工作,这样规定既符合宪法精神,又符合我国农村的实际情况。有的委员说,村民自治如同民族区域自治一样,应当有指导、有领导地进行。有的委员提出,《中华人民共和国村民委员会组织法试行草案》修改得较好,但其中只提到维护集体经济组织、村民、承包经营户、联户或者合伙的合法财产和其他合法的权利和利益,未涉及国有财产和自然资源的保护,建议在试行草案中增写这一方面的内容。有的委员认为,有些农村现在封建迷信活动很盛,红白喜事大操大办的现象严重,《中华人民共和国村民委员会组织法试行草案》中对纠正这些现象应做出相应规定。

　　有些委员提出,现在各地对林木乱砍滥伐的现象很严重;生态环境遭到破坏;有些地方农田水利等基本建设受到损害;义务教育法实施贯彻得不好;等等。他们建议在《中华人民共和国村民委员会组织法试行草案》中做出相应内容的规定,以便做好上述工作。

委员们认为《全国人大常委会议事规则草案》基本可行,但也有些委员提出了修改意见。有的主张,《全国人大常委会议事规则草案》应对常委会议的召开时间、日期做出具体规定,以便外地和在基层工作的委员适时安排工作参加会议。有的提出,常委会议开会前应将文件尽早发至委员手中,以便准备意见,提高会议的议事效率。有些委员提出,为了充分发扬民主,全国人大常委会在议事中应建立辩论制度,在充分辩论的基础上最后进行表决,少数服从多数,这样能集思广益,便于弄清情况,做出更加符合实际的决议和决定。有的委员提出,质询是人大进行监督的有效形式,被质询单位一般应由它的负责人到人大常委会做口头答复;不能到会答复的,可以用书面形式答复,但应对这种答复做出时间的限制,不能无限期拖延。

最后,主持联组会议的彭冲副委员长做了总结发言,就法律委员会根据委员们新提出的修改意见对这两个草案修改稿的修改问题做了进一步说明。

【选自《人民日报》1987 年 11 月 24 日】